V&R

Das Alte Testament Deutsch

Neues Göttinger Bibelwerk

In Verbindung mit Erik Aurelius, Uwe Becker, Walter Beyerlin,
Erhard Gerstenberger, Jan Chr. Gertz, H. W. Hertzberg, Jörg Jeremias,
Otto Kaiser, Matthias Köckert, Christoph Levin, James A. Loader,
Arndt Meinhold, Hans-Peter Müller, Martin Noth, Jürgen van Oorschot,
Lothar Perlitt, Karl-Friedrich Pohlmann, Norman W. Porteous,
Gerhard von Rad, Henning Graf Reventlow, Magne Sæbø, Ludwig Schmidt,
Werner H. Schmidt, Georg Steins, Timo Veijola, Artur Weiser,
Claus Westermann, Markus Witte, Ernst Würthwein

herausgegeben von Reinhard Gregor Kratz und Hermann Spieckermann

Teilband 9, 3

· Ruth

Vandenhoeck & Ruprecht

Ruth

Übersetzt und erklärt
von
Melanie Köhlmoos

Vandenhoeck & Ruprecht

Bibliografische Information der Deutschen Nationalbibliothek

Die Deutsche Nationalbibliothek verzeichnet diese Publikation in der
Deutschen Nationalbibliografie; detaillierte bibliografische Daten sind
im Internet über http://dnb.d-nb.de abrufbar.

ISBN 978-3-525-51244-9

Printed in Germany.
Satz: Dörlemann Satz, Lemförde.
Druck und Bindung: ⊕ Hubert & Co, Göttingen.

Gedruckt auf alterungsbeständigem Papier.

Vorwort

Das Ruthbuch hat in den letzten Jahren wieder die Aufmerksamkeit bekommen, die es verdient. 1913 urteilte Hermann Gunkel – sonst für seine exegetische Sensibilität berühmt – folgendermaßen:

„Das ist eine Geschichte, wie das Volk sie gerne hört: nach Regen Sonnenschein! (…) Wer aber außer der einfachen Wahrheit vom Lohn der Treue schlechterdings noch eine ‚Lehre‘ mitnehmen will, dem möchten wir diese empfehlen, dass Männer gut tun, sich vor schönen und klugen Frauen, die ihren Willen durchsetzen wollen, in acht zu nehmen."[1]

Inzwischen hat sich durch intensive Forschung herausgestellt, dass Ruth mehr zu bieten hat. Der Reiz dieses Buches besteht aber nach wie vor darin, eine äußerst ernste Geschichte leichthändig zu erzählen.

Ein Kommentar muss notwendigerweise hinter seinem Gegenstand zurückfallen. Für das Ruthbuch gilt dies in besonderem Maße, ich hoffe aber, dem großartigen Buch wenigstens ansatzweise gerecht geworden zu sein.

Es ist mir eine Ehre, für die Reihe ATD kommentieren zu dürfen. Ich danke allen Mitarbeitenden des Verlages Vandenhoeck & Ruprecht für die geduldige Betreuung.

Gedankt sein außerdem folgenden Personen und Organisationen: Der Deutschen Forschungsgemeinschaft, die durch die Gewährung eines Heisenberg-Stipendiums die konzentrierte Forschungsarbeit möglich machte, zahllosen Kolleginnen und Kollegen für die interessierte Mithilfe, dem Seminar „Das Buch Ruth. Wie Frauen in der Bibel leben" an der Johann-Wolfgang-Goethe-Universität Frankfurt/Main (Wintersemester 2007/2008) und – nicht zuletzt – meinem Mann, Pastor Frank Muchlinsky, der diese Arbeit mit großer Liebe und Geduld begleitet hat.

Bielefeld, Oktober 2009   Melanie Köhlmoos

---

[1] Hermann Gunkel, Reden 1913, 83. 89.

Inhalt

Abkürzungen

Textzeugen

MT	Masoretischer Text (hebräisch)
4QRuth^a	Fragment des Ruthbuches aus Qumran Höhle IV
4QRuth^b	Fragment des Ruthbuches aus Qumran Höhle IV
LXX	Septuaginta (griechisch)
Tg	Targum (aramäisch)
P	Peschitta (syrisch)
L	Vetus Latina (lateinisch)
V	Vulgata (lateinisch)

Zitierte Textausgaben

BHQ	Biblia Hebraica. Quinta editione cum apparatu critico novis curis elaborato. Bd. 18: General Introduction and Megilloth. Hg. A. Schenker u. a., Stuttgart 2004
BHS	Biblia Hebraica Stuttgartensia. Hg. K. Elliger/W. Rudolph, Stuttgart ²1984
LXX	Septuaginta. Vetus Testamentum Graecum, Auctoritate Academiae Scientiarum Gottingensis editum. Vol IV, 3: Ruth. Hg. U. Quast, Göttingen 2006
TgRu	É. Lévine, The Aramaic Version of Ruth, Rom 1973 (AnBib 58)
JosAnt	Benedictus Niese (Hg.): Flavii Iosephi opera. 7 Bd., Berlin 1885–1895. Vol I: Antiquitatum Iudaicarum libri 1–5; Vol. 2. Antiquitatum Iudaicarum libri 6–10
Scrolls	M. Abegg/P. Flint/E. Ulrich, The Dead Sea Scolls Bible, San Francisco 1999

Kommentare zum Ruthbuch

AncB: E.F. Campbell, 1975; ATD: H.W. Hertzberg, ⁶1985; BC: C.F. Keil, 1863; BK: G. Gerleman, 1965; HAT: M. Haller/K. Galling, 1940; E. Würthwein, ²1969; HThK: I. Fischer, ²2005; IBCTP: K.D. Sakenfeld, 1999; KAT: W. Rudolph, 1962; KHC: A. Bertholet, 1898; NCBC: J. Gray, 1986; NIC: R.L. Hubbard, 1988; NEB: J. Scharbert, 1994; NSKAT: C. Frevel, 1992; OTGu: K.L. Larkin, 1996; OTL: K. Nielsen 1997; SubBi: P.P. Joüon 1953; WBC: F. Bush, 1996; ZBK: E. Zenger, 1986

Abgekürzt zitierte Literatur

Braulik, Deuteronomium   G. Braulik, Das Deuteronomium und die Bücher Ijob,
                           Sprichwörter, Rut. Zur Frage früher Kanonizität des
                           Deuteronomiums, in: E. Zenger (Hg.), Die Tora als Ka-
                           non für Juden und Christen, Freiburg/Basel/Wien
                           (HBS 10), 61–138

Butting, Buchstaben   K. Butting, Die Buchstaben werden sich noch wundern.
                           Innerbiblische Kritik als Wegweisung feministischer
                           Hermeneutik, Knesebeck ³2003

Ebach, Fremde   J. Ebach, Fremde in Moab – Fremde aus Moab: das
                           Buch Ruth als politische Literatur; in: J. Ebach/R. Faber
                           (Hgg.), Bibel und Literatur, München 1995, 277–304

Gertz, Gerichtsorganisation J.C. Gertz, Die Gerichtsorganisation Israels im deutero-
                           nomischen Gesetz, Göttingen 1994 (FRLANT 165)

GK   E. Kautzsch, (Hg.): Wilhelm Gesenius Hebräische
                           Grammatik. Nach E. Rödiger völlig umgearbeitet und
                           herausgegeben von E. Kautzsch, Hildesheim ²⁸1995

Japhet, Expulsion   S. Japhet, The Expulsion of the Foreign
                           Women (Ezr 9–10). The Legal Basis, Precedents, and
                           Consequences for the Definition of Jewish Identity,
                           in: F. Hartenstein/M. Pietsch (Hg.), „Sieben Augen auf
                           einem Stein" (Sach 3, 9). Studien zur Literatur des Zwei-
                           ten Tempels. Festschrift für I. Willi-Plein zum 65. Ge-
                           burtstag, Neukirchen-Vluyn 2007, 141–161

Karrer, Ringen   C. Karrer, Ringen um die Verfassung Judas. Eine Studie
                           zu den theologisch-politischen Vorstellungen im Esra-
                           Nehemia-Buch, Berlin/New York 2001 (BZAW 308)

Köhlmoos, Töchter   M. Köhlmoos, Töchter meines Volkes. Israel und das
                           Problem der Prostitution in exilischer und nachexili-
                           scher Zeit, in: F. Hartenstein/M. Pietsch (Hg.), „Sieben
                           Augen auf einem Stein" (Sach 3, 9). Studien zur Lite-
                           ratur des Zweiten Tempels. Festschrift für I. Willi-Plein
                           zum 65. Geburtstag, Neukirchen-Vluyn 2007, 213–228

Petermann (Batmartha)   I.J. Petermann, Das Buch Rut, in: L. Schottroff/
                           M.-T. Wacker (Hg.), Kompendium feministische Bibel-
                           auslegung, Gütersloh ²1999, 104–113

THAT   E. Jenni/C. Westermann (Hg.), Theologisches Hand-
                           wörterbuch zum Alten Testament, München/Zürich
                           1978 ff.

ThWAT   G.J. Botterweck/H. Ringgren (Hg.), Theologisches
                           Wörterbuch zum Alten Testament, Stuttgart 1973 ff.

Willi, Juda   T. Willi, Juda – Jehud – Israel. Studien zum Selbstver-
                           ständnis des Judentums in persischer Zeit, Tübingen
                           1995 (FAT 12)

Zakovitch   Y. Zakovitch, Das Buch Rut. Ein jüdischer Kommentar,
                           Stuttgart 1999 (SBS 177)

Einleitung

1. Das Ruthbuch: Inhalt und Aufbau

Das Buch Ruth ist nach seiner Hauptfigur benannt und erzählt deren Geschichte in vier Kapiteln. In Kap. 1 wandert eine israelitische Familie wegen einer Hungersnot von Bethlehem nach Moab aus. Die Söhne der Familie heiraten dort moabitische Frauen, Orpa und Ruth. Alle Männer der Familie sterben jedoch in Moab, und so kehren nach dem Ende der Hungersnot drei Witwen zurück. Naomi, die verwitwete Schwiegermutter versucht, ihre Schwiegertöchter nach Moab zurückzuschicken. Orpa lässt sich überzeugen, doch Ruth bleibt bei Naomi. In Kap. 2 wird erzählt, wie Ruth auf dem Feld eines bethlehemitischen Mannes namens Boas Nachlese hält. Sie begegnet Boas, der ein angeheirateter Verwandter ist und sie für die Treue zu ihrer Schwiegermutter ausdrücklich würdigt. Kap. 3 lässt Naomi eine nächtliche Begegnung zwischen Ruth und Boas herbeiführen, bei der Boas verspricht, für die beiden mittellosen Frauen eine Zukunft zu schaffen. In Kap. 4 kommt es zu dieser Lösung, bei der Naomi ein gesichertes Auskommen geschaffen wird und Boas Ruth heiratet. Der Sohn aus dieser Ehe – Obed – wird von Naomi als Adoptivkind aufgenommen und ist der Großvater Davids.

Das Ruthbuch ist mit 1296 Worten das kürzeste Erzählwerk des Alten Testaments. Die vier Kapitel erzählen eine in sich stimmige und schlüssige Geschichte, die immer auf nachfolgende Generationen immer wieder neu und faszinierend gewirkt hat.

2. Literarische Charakteristika

Das Ruthbuch ist ein Meisterwerk der Erzählkunst, unerreicht im Alten Testament und hält jedem Vergleich mit außerbiblischer Literatur mühelos stand.

Seine charakteristische Eigenart erhält das Ruthbuch durch den Überhang an wörtlicher Rede; 58 % des Textes werden als Dialog wiedergegeben. Dies bewirkt eine extrem detaillierte Erzählweise. Das Publikum[1] nimmt das Ge-

---

[1] Mit „Publikum" wird in diesem Kommentar summarisch die vom Text angesprochene Leser- und Leserinnenschaft bezeichnet. Soll es zunächst eine geschlechtsneutrale Bezeichnung derer anzeigen, die das Buch lesen, so ist der – der darstellenden Kunst entnommene – Begriff des „Publikums" gerade angesichts der stark visualisierenden Erzählweise des Ruthbuches besonders angemessen.

schehen „in Echtzeit" wahr und wird fast mimetisch in den Text einbezogen. Das Ruthbuch wendet diese Eigenart biblischer Erzählweise[2] geradezu exzessiv an: Im Grunde vollzieht sich das Geschehen fast ausschließlich im Dialog, der (auktoriale) Erzähler hält sich zurück. Diese extreme Zurückhaltung des Erzählers bewirkt, dass sich das Lesepublikum über die Charaktere des Ruthbuches seine eigene Meinung bilden muss und dabei kaum von außen gesteuert wird. Es nimmt an einer Entwicklung von Figuren teil, wobei durch Motive, Leit- und Schlüsselworte ein Interpretationsrahmen erstellt wird. Die vor allem dialogisch gestaltete Ruth-Erzählung bewirkt auf diese Weise eine komplexe Interaktion von Charakteren.

Gleichwohl sind diese Figuren vom Erzähler in die Logik seines Textes eingebunden und „funktionieren" nach seinem Willen. Eine Spekulation über Motive und Beweggründe der Figuren geht daher an der Wahrnehmung des Textes vorbei.[3]

Die enorme Rolle des Dialogs gewinnt Gestalt in der Komposition des Buches. Jedes der vier Kapitel enthält in seiner Mitte einen zentralen Dialog zweier Figuren, der den thematischen und erzählerischen Fortschritt der Geschichte enthält: 1, 8–17; 2, 4–13; 3, 9–14; 4, 1–12. Ein planvoller Leitwortstil verbindet die einzelnen Kapitel in sich und die Erzahlung als Ganze zu einer sorgfältig gestalteten Komposition. Auch dies ist in der biblischen Erzählkunst nicht ungewöhnlich, im Ruthbuch aber zum charakteristischen Stilmerkmal geworden.[4]

Bei der Gesamtkomposition legen sich die beiden äußeren Kapitel 1 und 4 formal und inhaltlich als Rahmen um die beiden spiegelbildlich aufgebauten Kap. 2 und 3.[5] Zwischen den einzelnen Teilen gibt es höchst variable Verbindungslinien und Kontraste, die teils durch die raumzeitlichen, teils durch die personalen, teils durch die inhaltlichen Elemente markiert sind – das Ruthbuch hat eine klar durchdachte Gesamtstruktur, ist aber keineswegs schematisch, sondern lebt von der Eigendynamik seiner Erzählung.[6] Das Ruthbuch beherrscht das ganze Repertoire der Erzählkunst: Dialog und Erzählung, die breite narrative Schilderung (1, 1–6) ebenso wie das kleine, fast wie gemalt wirkende Bild (2, 14; 4, 16), die Ironie und das Tragische, die zarte Andeutung (vor allem in Kap. 3) wie das ganz große Pathos (1, 16–17). Bemerkenswert ist vor allem das Gespür für das Erzähltempo, das unvermittelt Zeitlupe

---

[2] Vgl. dazu S. Bar-Efrat, Wie die Bibel erzählt. Alttestamentliche Texte als literarische Kunstwerke verstehen, Gütersloh 2006.

[3] Vor allem Naomi hat diese Art von Interpretation an sich gezogen, aber in der Literatur unterliegen alle Figuren des Ruthbuches einer Interpretation ihrer Charaktere, vgl. Rudolph; Gerleman. In neuerer Zeit: D.N. Fewell/D.M. Gunn, Compromising Redemption. Relating Characters in the Book of Ruth, Louisville 1990.

[4] Untersuchungen liegen vor bei: W. Dommershausen, Leitwortstil in der Rutrolle, in: Theologie im Wandel, München 1967 (TThR 1); Bush, passim; Fischer, passim (Lit.).

[5] Übersicht bei Fischer, 25 f.

[6] Vgl. R.M. Johnson, The Words in their Mouth: A Linguistic and Literary Analysis of the Dialogues in the Book of Ruth, Ann Arbor 1993.

neben Zeitraffer stellt,[7] mal Redundanz schafft, dann wieder gezielte Leerstellen setzt, mit Vorausschauen und Rückblicken (vor allem in Kap. 2)
arbeitet und dadurch *in summa* das Publikum in Atem hält. Zusätzliche poe-
tisch-rhythmische Gestaltung (vor allem 1, 16–17) hebt signifikante Stellen
besonders hervor.[8]

Diese Techniken im Einzelnen tragen zu einer außerordentlich kontrollierten Erzählweise bei, die narrativ keinerlei Unstimmigkeiten aufweist, wenn
auch manche Themen und Motive vom Publikum Geduld und einen langen
Atem verlangen, bis sich ein Spannungsbogen auflöst. Unter erzähltechni-
schem Gesichtspunkt ist das Ruthbuch Erzählung in Perfektion, eher zum
Genießen als zum Erklären bestimmt. Dieser Kommentar will denn auch der
Eigenart des Ruthbuchs in der Weise Rechnung tragen, dass er die Lektüre
des Buches erläuternd nachzeichnet.

Mithin ist es nicht ganz einfach, das Buch Ruth einer bestimmten Gattung
zuzuordnen[9]; die im deutschen Sprachraum häufig anzutreffende Bezeichnung „Büchlein" hebt vor allem auf die Kürze des Buches ab, markiert aber
doch eine Verlegenheit bei der Zuordnung zu einer Gattung. Bevorzugt
die englischsprachige Exegese die Gattung *„short story"*,[10] so wird das Ruthbuch unter deutschsprachigen Exegeten gern als „Novelle" bezeichnet[11]. Da
die Applikation moderner literarischer Termini auf alttestamentliche Werke
methodisch und sachlich immer problematisch ist, bezeichnet man das Ruthbuch sachgemäß am besten als Erzählung; es entspricht insofern einer
Novelle oder *short story*, als es auf diese stilprägend gewirkt hat. Die Einord-
nung des Ruthbuches in die „Gattung" der „schriftauslegenden Literatur"[12],
trifft thematische und stilistische Eigenarten des Ruthbuchs, erfasst aber
kaum seine literarisch einzigartige Gestalt. Bei seiner überaus kontrollierten
und sehr publikumsgerechten Erzählweise bringt das Ruthbuch eine gewisse
„Mündlichkeit" mit sich,[13] die aber dem Erzählen inhärent ist und nicht auf
eine alte Volkssage zurückgeht.[14] Vorläufer oder Vorbilder des Ruthbuches
außerhalb der atl. Literatur lassen sich nicht benennen. Vielmehr ist das
Ruthbuch ein überwiegend aus der hebräischen Erzählweise entwickeltes
Werk für ein hebräisches Publikum.

---

[7] Besonders herausgearbeitet im Kommentar von Campbell, s. im Einzelnen den Kommentar.
[8] Monographisch bearbeitet bei M.C. A. Korpel, The Structure of the Book of Ruth, Assen
2002 (Pericope 2).
[9] Problemanzeige bei Bush, 32–47.
[10] So schon Campbell, 16 f.; Hubbard, 47; Bush, 46.
[11] Zenger, 22–25; Kaiser, 152.
[12] So mit Nachdruck Fischer, 81–85 (Lit.).
[13] Vgl. C. Hardmeier, Textwelten der Bibel entdecken. Grundlagen und Verfahren einer text-
pragmatischen Literaturwissenschaft der Bibel, Gütersloh 2003 (Textpragmatische Studien zur
Hebräischen Bibel I/1), bes. 47–71.
[14] Vgl. O. Eissfeldt, Einleitung in das Alte Testament, Tübingen ³1964, 651; Campbell, 18 ff.

3. Die Entstehung des Ruthbuches

Schon sprachlich erweist sich das Ruthbuch als eher später Text, darauf weisen Aramaismen und ein gewisses Vokabular hin.[15] Der primäre Bezugsrahmen des Ruthbuches sind der ganze Pentateuch, Deuterojesaja, Esra-Nehemia und die Chronik. Auch zum Hiobbuch zeigt Ruth eine gewisse Nähe.[16] Somit ist Ruth ein Produkt der Perserzeit.

Der Anlass des Ruthbuches ist einigermaßen klar zu benennen: Es handelt sich um die Frage nach der Legitimität der Ehen von Judäern mit Ausländerinnen,[17] besonders Moabiterinnen, die in Esra und Nehemia verhandelt wird.

Warum das Thema der Ehen plötzlich so stark in den Mittelpunkt des Interesses rückt, lässt sich nicht beantworten[18]. Es wird sich auch nicht mehr sicher klären lassen, ob und in welchem Ausmaß Esra und/oder Nehemia die Ehefrage praktisch zu lösen versucht haben.

Die Berichte in Esr 9–10; Neh 13,1–3; 13,23–31 unterscheiden sich in der Art der Durchführung. Unabhängig von den komplexen Fragen der Entstehung der Esra- und Nehemiatexte[19] scheint die Darstellung in Neh 13,23–25* historisch am plausibelsten[20]. Die Nennung der Frauen aus Asdod hat keinen traditionsgeschichtlichen Haftpunkt, das Problem, das sich ergibt, ist klar benannt: Die Kinder sprechen eine andere Sprache. Die konkrete Maßnahme schließlich, öffentliche Bestrafung der Männer und strenge Vermahnung,[21] ist nicht nur angemessen, sondern fügt sich auch in die Kompetenzen Nehemias.[22]

Für Esr 9–10 hingegen ist wahrscheinlich, dass es sich bei dem Text um ein idealisiertes Verfahren handelt, das so nie stattgefunden hat.[23] Praktisch durchführbar ist Esras Maßnahme jedenfalls kaum gewesen.[24] Neh 13,1–13 ist ein ausschließlich litera-

---

[15] Vgl. Zakovitch, 51–53; Zenger, 27.

[16] Zakovitch, 54 f.

[17] Traditionell werden diese Ehen als „Mischehen" bezeichnet. Da der Terminus aber durch eine rassebiologische Diskussion belastet ist, wird hier überwiegend der Terminus „Fremdehen" verwendet.

[18] D.L. Smith-Christopher, The Mixed Marriage Crisis in Ezra 9–10 and Neh 13. A Study of the Sociology of the Post-Exilic Judaean Community, in: T.C. Eskenazi/K.H. Richards (Hg.), Second Temple Studies 2. Temple Community in the Persian Period, Sheffield 1994 (JSOT.S 175), 243–265; K.G. Hoglund, Achaemenid Imperial Administration in Syria-Palestine and the Missions of Ezra and Nehemiah, Atlanta 1992 (SBL.DS 125).

[19] Vgl. zuletzt: Karrer, Ringen, 128–146. 214–239. 284–294.

[20] Textrekonstruktionen: Karrer, Ringen, 142. 154–156; T. Reinmuth, Der Bericht Nehemias. Zur literarischen Eigenart, traditionsgeschichtlichen Prägung und innerbiblischen Rezeption des Ich-Berichts Nehemias, Freiburg/Göttingen 2002 (OBO 183), 302–326; J.L. Wright, Rebuilding Identity. The Nehemiah-Memoir and its Earliest Readers, Berlin/New York 2004 (BZAW 348), 243–268; J. Pakkala, Ezra the Scribe. The Development of Ezra 7–10 and Nehemiah 8, Berlin/New York 2004 (BZAW 347), 218–222.

[21] Vgl. J.L. Wright, Identity, 244–248; J. Pakkala, Ezra, 222.

[22] Vgl. Karrer, Ringen, 169 f.

[23] Vgl. Karrer, Ringen, 243–254; Ähnlich Japhet, Expulsion, 142 f.

[24] Japhet, Expulsion, 144. 155 f.

risches Verbindungsstück im Zusammenhang der Endredaktion des Esra-Nehemia-Buches.[25]

In den Gesetzescorpora des Pentateuch ist die Ehefrage nicht verbindlich geklärt. Lediglich Ex 34, 16; Dtn 7, 3 enthalten jeweils im Anschluss an das Bündnisverbot die Mahnung, gemischte Ehen zu vermeiden – unter Nennung unterschiedlicher Völker.[26] Der so genannte „Moabiterparagraph" Dtn 23, 3–6 ist streng genommen keine Frage der Eheschließung und kommt auch erst Neh 13 zur Anwendung.[27] Wie mit gemischten Ehen konkret zu verfahren ist, darüber lässt der Pentateuch also nichts verlauten.[28] Deutung und Maßnahmen in der Ehefrage unterscheiden sich denn in Neh 13, 23–26*; Er 9–10; Neh 13, 1–3 auch erheblich.[29] Von diesen drei Texten steht das Ruthbuch Esr 9–10 am nächsten. Der Text schildert ein „(idealisiertes) Verfahrensprotokoll zur Lösung eines die Gesamtgemeinschaft betreffenden Konflikts"[30]. Dieses Verfahren soll – mit Hilfe Esras – die Bevölkerung in die Lage versetzen, eigenständig gemäß der Tora zu handeln.[31] Das ist exakt die Struktur des Ruthbuches: Die Herkunfts- bzw. Ehefrage und ihre Lösung werden toragemäß in der Stadt verhandelt. Esra und Ruth stimmen also darin miteinander überein, wie zu handeln sei. In der Sache stehen sich die Positionen indes entgegen.

Die Ehefrage ist sowohl in Esra-Nehemia als auch im Ruthbuch nur ein Teil eines größeren Problems. In Esra-Nehemia wird es integriert in das Bild einer Verfassung des perserzeitlichen Juda, das in Übereinstimmung mit den persischen Autoritäten und unter Leitung des Priesters und/oder Statthalters sich selbst als restauriertes Israel nach dem Exil organisiert. Getragen wird dieses Konzept mehrheitlich von Rückkehrern aus der Gola und ihren Nachfahren.

Im Gegensatz zu Esra-Nehemia rechtfertigt das Ruthbuch nicht nur die Fremdehe, sondern ein torakonformes Israel als Volk JHWHs, das ohne eine hierokratische oder persisch legitimierte Herrschaft auskommt. Sein Ziel ist eher ein ideales Israel als Volk JHWHs. Dabei lässt das Ruthbuch mit genauer Kenntnis der sozialen Verhältnisse, besonders der Lage von Frauen, durchschimmern, dass die Fremdehen auf dem Hintergrund wirtschaftlicher Not und Fremdherrschaft zu sehen sind.[32] Gleichwohl zeichnet es einen Gegenentwurf zur sich entsolidarisierenden Gesellschaft der Perserzeit.[33] Im Bethlehem des Ruthbuches gibt es weder Reiche noch Arme noch Sklaven, sondern eine fast egalitäre Stadtgemeinschaft.

---

[25] J.L. Wright, Identity, 315–317. Anders T. Reinmuth, Bericht, 261.

[26] Zu diesem Befund vgl. T. Reinmuth, Bericht, 308 ff.

[27] Fischer, 63.

[28] Japhet, Expulsion, 144–149 vermutet einen Zusammenhang der Diskussion um die Ehen mit der Entstehung der Hagar-Geschichte.

[29] Vgl. Karrer, Ringen, 147–160. 243–254.

[30] Karrer, Ringen, 247.

[31] Karrer, Ringen, 258.

[32] Ausführlich: J. Ebach, Fremde.

[33] Ausführlich: R. Albertz, Religionsgeschichte Israel in alttestamentlicher Zeit 2, Göttingen 1992 (GAT 8/2), 536–550.

Das Ziel der Erzählung ist David, dessen familiäre Vorgeschichte hier erzählt wird. Gleichwohl hat das Ruthbuch keine primär historisch-biographische Dimension. Es kombiniert zwei unterschiedliche Traditionen über David. Den Samuelbüchern entnommen sind Davids Herkunft aus Bethlehem (1 Sam 16–17) und seine Verbindung mit Moab (1 Sam 22,1–4). Aus der Tradition der Chronik stammt die genealogische Abfolge Boas – Obed – David[34]. Mit großem erzählerischen Aufwand wird dieser David als Urenkel Ruths und Boas' zur Vollendung eines quasi-messianischen Handelns Israels durch JHWH. Ruth ist daher im späten 5./frühen 4. Jh. verfasst worden.

Der Grundentwurf des Ruthbuches ist später durch Fortschreibungen ergänzt worden, die sich an den Rändern des Textes eingeschrieben haben. 1, 3 bα; 4, 12 versuchen, die ungewöhnliche Familiengeschichte Davids, die im Ruthbuch erzählt wird, mit der Davidtradition der Samuel- und Chronikbücher zu harmonisieren. David wird hier (wieder) in den Stamm Juda integriert, die Bearbeitung ist nicht allzu lang nach dem Grundentwurf anzusetzen.[35]

1, 1 aα; 4, 18–22 weiten das Ruthbuch ins Universal-Heilsgeschichtliche aus und gehören ins 2. Jh.

Das Buch trägt keine Verfasserangabe. Vor seinem Entstehungshintergrund muss man von schriftgelehrten Verfasser/innen ausgehen, die die theologische Dimension der Ehefrage ebenso zu erkennen vermochten, wie sie ihnen persönlich am Herzen lag. Wahrscheinlich gehören sie nicht der Gola an und waren daher von der Ehefrage persönlich betroffen. Das Buch verrät einiges Engagement in der Ehefrage. Die schon häufiger gemachte Vermutung, einer der Gegner Esras von Esr 10, 15 könnte zu den Verfassern des Ruthbuches gehören,[36] hat einige textliche Anhaltspunkte[37]. Eine Frau als Verfasserin[38] ist nicht prinzipiell ausgeschlossen. Da aber im Text selbst kein Anhaltspunkt für eine Selbstreflexion des Autors oder der Autorin auszumachen ist, muss dies Spekulation bleiben.

4. Theologische und inhaltliche Schwerpunkte

Trotz seines scheinbar privaten und bürgerlichen Charakters, der in Kap. 3 fast die Züge einer Liebesgeschichte annimmt, ist das Ruthbuch ein eminent

---

[34] Wohl noch im Sinne einer gemeinsamen Vorlage von Ruth und 1Chr 2: H.H. Witzenrath, Das Buch Rut, München 1975 (StANT 40), 37 f. Die Versuche, 4, 17 b aus dem Grundentwurf des Ruthbuches zu eliminieren (Zenger, 11 f.), wollen nicht recht befriedigen. Vielmehr zeigt die Kombination Bethlehem/Moab/Boas von vornherein eine davidische Perspektive an (vgl. ähnlich Fischer, 75).

[35] Vgl. dazu Willi, Juda, 138–164.

[36] Fischer, Rut, 64.

[37] Das gilt umso mehr, als der präzise Sinn der Opposition Jonatan b. Asahels und Jehezqel b. Tiqvas gegen Esra nicht genau erkennbar ist, vgl. J. Pakkala, Ezra, 99. Sollte Ru 1, 12 eine Anspielung auf Jehezqel b. Tiqva enthalten?

[38] Vgl. ausführlich Fischer, 94.

theologisches Buch. Obwohl er fast nie direkt agiert, ist JHWH doch der Herr und Herrscher aller handelnden Personen.

Charakteristisch für das Ruthbuch ist die gegenseitige Durchdringung menschlichen und göttlichen Handelns, das bis zur Ununterscheidbarkeit gehen kann. JHWH ist nicht das Gegenüber Israels, sondern wer zu ihm gehört, setzt seine Herrschaft auf Erden um. Von dieser Perspektive ist das Buch von der ersten bis zur letzten Seite durchdrungen. Dass es darin politische Literatur ist, macht es nur umso bemerkenswerter.[39]

Im paradigmatischen Charakter der Geschichte liegt überdies ein ungemein ethischer Impuls, der das Publikum nachdrücklich, aber unaufgeregt auffordert, zur Durchsetzung der Herrschaft JHWHs auch ungewöhnliche Wege zu gehen.

Ruth ist auf weite Strecken ein Frauenbuch. Die Zentrierung der Geschichte auf die ungewöhnliche Paarung Naomi/Ruth ist einzigartig für das Alte Testament und gibt dem Ruthbuch gerade in neuerer und neuester Zeit Anlass für eine frauenspezifische Wahrnehmung.[40] Dabei gehört zu dieser frauenspezifischen Perspektive des Ruthbuches vor allem eine ganz ungewöhnliche Dekonstruktion, zumindest aber Infragestellung traditioneller Geschlechterrollen.[41] Darin ist das Ruthbuch unerwartet „modern" und bis heute ein Ansatzpunkt für die Applikation biblischer Texte auf alltagsweltliche Fragen.

5. Wirkungsgeschichte

Das Ruthbuch ist als eines der letzten alttestamentlichen Bücher vom Hebräischen ins Griechische übersetzt worden. Das griechische Ruthbuch trägt Charakteristika der *kaige*-Gruppe, ist aber keine Rezension eines bereits bestehenden griechischen Textes, sondern eine Übersetzung mit einigen *kaige*-Merkmalen.[42] Diese Übersetzung stammt vermutlich aus dem 1. nachchristlichen Jahrhundert und eher aus Palästina als aus Ägypten. LXXRuth enthält kaum signifikante Zusätze oder Auslassungen des hebräischen Textes, der MT wohl schon sehr nahe stand.[43] Wie jede Übersetzung ist auch LXX eine Auslegung eines gegebenen Textes. Eine vollständige Studie zur LXX des Buches Ruth steht bislang noch aus.[44]

---

[39] Vgl. J. Ebach, Fremde, 278 f.

[40] Vgl. exemplarisch I.J. Petermann (Batmartha), 104–113 und Fischer.

[41] Vgl. J.L. Berquist, Role Differentiation in the Book of Ruth: JSOT 57 (1993), 23–37; A. Lacocque, The Feminine Unconventional, Minneapolis 1990.

[42] Vgl. U. Quast, Ruth, 124 f.; E. Bons, Die Septuaginta-Version des Buches Rut: BZ 42 (1998), 202–224, hier 223 f.; D. Barthélémy, Les Devanciers d'Aqila. Première publication integrale du texte des fragments du Dodékaprophéton, Leiden 1963 (VT.S 10), 47.

[43] E. Bons, Version, 220–224.

[44] Besondere Akzentsetzungen von LXXRuth sind in den Kommentar aufgenommen.

Eine besondere Würdigung verdient die Adaption des Ruthbuches in den *Antiquitates* des Flavius Josephus.[45] Es lässt sich mit guten Gründen vermuten, dass die Septuaginta des Ruthbuches der primäre Bezugstext für Ant. V, 318–337 ist, dass Josephus aber den hebräischen Text gekannt hat. Das ist konsistent mit Josephus' Bezug auf seine biblischen Quellen. Umstritten ist seine Kenntnis (und Verwendung) des Targum und frührabbinischer Überlieferungen. Zumindest für Ruth lässt sich vermuten, dass Josephus Traditionen kannte, die sich auch dort finden, eine Textfassung lässt sich aber nicht sicher nachweisen. Josephus ändert seine biblische Vorlage beträchtlich. Sowohl formal als auch inhaltlich passt er Ruth in das Gesamtkonzept der *Antiquitates* ein. Die Erzählung erhält so ein eigenes Profil, das den Antiquitates als Gesamtwerk angepasst ist.

Die Version des Josephus ist in direkter Auseinandersetzung mit einer stark messianisch orientierten Rezeption des Ruthbuches verfasst, die sich im antiken Judentum nachweisen lässt und sich sowohl im Targum zu Ruth als auch im Matthäusevangelium niedergeschlagen hat. Im Targum ist die ganze Sättigung, Lösung und Erlösung, die erzählt wird, ein Vorschein der messianischen Fülle.[46] Ruth und Boas können zu den Vorfahren des Messias werden, weil sie durch ihre Gesetzesobservanz dazu geradezu prädestiniert sind. Ruth zeigt dies durch ihre Konversion (Ruth 1, 16–17) und die Fürsorge für ihre Schwiegermutter.

Dass die Ruthgeschichte hauptsächlich für den Messias relevant ist, zeigt nicht nur der Targum (TgRu 2, 15; 4, 22). Teile des hellenistischen Judentums sowie das frühe Christentum haben diese Ruth-Rezeption übernommen, wie der Stammbaum Jesu in Mt 1, 1–18 zeigt.[47]

Im hebräischen Kanon steht Ruth in wechselnder Position bei den Schriften[48] und wird den Megillot zugeordnet, es ist die Festrolle für das Wochenfest.[49] Die christliche Tradition hat das Ruthbuch unter die Geschichtsbücher eingeordnet, es findet sich dort zwischen Richter und Samuel. Für diese Anordnung ist Josephus der erste Zeuge, die Position hat sich in der griechisch-lateinischen Texttradition durchgesetzt.[50]

---

[45] Ein Überblick findet sich bei M. Köhlmoos, „Es war nunmehr notwendig, dass ich dies von Ruth erzählt habe". Beobachtungen zur Ruth-Erzählung des Flavius Josephus (Ant. V 318–337): WdO 2009 (im Druck).

[46] S dazu Nathan Levine, Ten Hungers/Six Barleys: Structure and Redemption in the Targum to Ruth: JStJ 30 (1999), 312–324.

[47] Ulrich Luz, Das Evangelium nach Matthäus 1, Neukirchen-Vluyn ⁵2002 (EKK I/1), 66 ff. hat zuletzt wahrscheinlich gemacht, dass der Stammbaum Jesu auf eine hellenistisch-jüdische Rezeption der LXX zurückgeht und über judenchristliche Tradenten ins Matthäusevangelium gelangt ist. An welcher Stelle des Prozesses die vier Frauen in den Stammbaum gelangt sind, soll hier nicht entschieden werden.

[48] Vgl. dazu P. Brandt, Endgestalten des Kanons. Das Arrangement der Schriften Israels in der jüdischen und christlichen Bibel, Berlin/Wien 2001 (BBB 131), 125–171.

[49] Zakovitch, 69–71.

[50] P. Brandt, Endgestalten, 69–97; 237 ff.

Ruth 1, 1–6: Von Bethlehem nach Moab

1. *Und es geschah*[1] *zu der Zeit, als die Richter regierten,*
da entstand eine Hungersnot im Land. Und ein Mann ging aus Bethlehem-
Juda, um sich im Gefild[2] Moabs aufzuhalten – er, seine Frau und seine beiden
Söhne. **2.** Und der Name des Mannes war Elimelech[3], und der Name seiner
Frau war Naomi, und der Name seiner zwei Söhne war Maḥlon und Kiljon –
Ephratiter aus Bethlehem-Juda. Und sie kamen ins Gefild Moabs, und dort
waren sie. **3.** Und da starb Elimelech, der Mann der Naomi. Und sie blieb
übrig – sie und ihre beiden Söhne.
4. Und die holten sich moabitische Frauen. Der Name der ersten war
Orpa, und der Name der zweiten war Ruth. Und sie blieben dort etwa zehn
Jahre.
5. Und dann starben auch die beiden, Maḥlon und Kiljon, und die Frau blieb
übrig, ohne ihre Kinder und ohne ihren Mann[4].
6. Und da erhob sie sich, sie und ihre Schwiegertöchter. Und sie kehrte
zurück aus dem Gefild Moabs, denn sie hatte im Gefild Moabs gehört, dass
JHWH sein Volk heimgesucht hätte, indem er ihnen Brot gab.

Ru *1, 1–6* bildet die Exposition der Erzählung. Dieser einleitende Abschnitt
1, 1–6 enthält keine wörtliche Rede. Die Einleitung umfasst weite Räume
(von Bethlehem nach Moab) und lange Zeiten (mehr als zehn Jahre). Damit
steht die Exposition im Gegensatz zur Haupthandlung, die sich auf kleinem
Raum und in kurzer Zeit abspielt. Außerdem treten in den sechs Versen
im Vergleich zum restlichen Buch verhältnismäßig viele Personen auf: Elimelech, Naomi, Maḥlon, Kiljon, Orpa und Ruth. Der narrative Hauptpfad
von Ru 1, 1–6 besteht darin, diese große Personengruppe schrittweise zu ver-
kleinern. „Sterben" und „übrig bleiben" sind die Leitworte dieser Dramaturgie. Erst stirbt Elimelech (V. 3), dann seine beiden Söhne (V. 5). Der Tod
der Männer hat eine unmittelbare Konsequenz für Naomi, die immer mehr
vereinsamt. Demgegenüber spielen die beiden Schwiegertöchter kaum eine
aktive Rolle. JHWH wird in diesem Gefüge zwar erwähnt, handelt aber nur
indirekt.
  Ru 1, 1–6 gibt keine Schilderung näherer Umstände, Absichten oder
Emotionen, sondern beschränkt sich auf die reinen Ereignisse. Diese werden
in einer planvollen Komposition angeordnet. Den äußeren Rahmen bilden

---

[1] 4QRuth^a streicht das Verb, um einen glatteren Satz zu erhalten.
[2] Zur Schreibweise GK 93 ll.
[3] Die griechische Texttradition gibt den Namen konsequent mit „Abimelech" wieder.
[4] LXX kehrt die Reihenfolge der Objekte um.

Vv. 1. 6 mit dem Stichwort „Brot" (*læḥæm*), das in V. 1 im Ortsnamen Bethlehem erscheint: Eine Hungersnot – also ein Mangel an Brot – veranlasst
die Ereignisse. Als JHWH wieder Brot gibt (V. 6), ist der Aufenthalt in Moab
beendet. Die Geschichte der Familie folgt dieser Dramaturgie. Elimelech verlässt (*gûr*) Bethlehem wegen der Hungersnot in Richtung Moab, Naomi
kehrt nach deren Ende aus Moab zurück (*šûb*)[5]. Innerhalb dieses Rahmens ereignet sich die Verkleinerung der Familie, die den Fokus auf Naomi lenkt.
Dies wird akzentuiert durch die nachgestellten Nominalketten: Er, seine
Frau und seine zwei Söhne (V. 1) – sie und ihre zwei Söhne (V. 3) – die Frau
ohne ihre Kinder und ohne ihren Mann (V. 5) – sie und ihre Schwiegertöchter
(V. 6).

Entlang dieser Dramaturgie lässt sich Ru 1, 1–6 in drei Abschnitte gliedern: In Vv. 1–3 ist Elimelech das Hauptsubjekt, in Vv. 4–5 sind es die
Söhne, in V. 6 Naomi. Innerhalb dieser Gliederung ist die knappe Wortwahl
darauf angelegt, die Szene in breiten Strichen zu entwerfen und darin durch
gezielte Anspielungen auf andere Texte, theologische und literarische Traditionen die Erwartungen des Publikums zu steuern.

In den Grundentwurf der Exposition des Ruthbuches hat eine nachträgliche Bearbeitung zwei Ergänzungen eingefügt. V. 1 aα verlegt die ursprünglich nicht historisch situierte Erzählung in die Epoche der Richterzeit. V. 2 aβ
gibt die genealogische Herkunft der Familie an. Die beiden Ergänzungen bereiten die davidische Perspektive der Ruthgeschichte vor, die sich am Schluss
des Buches entfaltet.

Der erste Abschnitt *1, 1–3* führt in die Hauptpersonen, Schauplätze und die
Situation ein, die die Geschichte auslöst. Dabei liegen hier in außerordentlich
dichter Form Anspielungen auf die Welt des Alten Testaments und seiner
Texte vor, die häufig in unerwartete Kontraste zum Erwartbaren führen.

1   Der ursprüngliche Erzählfaden setzt mit *V. 1 aβ* ein. Die Formulierung
ist bis in die Akzente hinein ein exaktes Zitat von Gen 12, 10[6] und lässt das
Publikum eine Erzählung von Auswanderung, Gefährdung in der Fremde,
Bewahrung durch Gott und Rückkehr in die Heimat erwarten, wie
Gen 12, 10–20 sie exemplarisch von Abraham erzählt.

Dabei ist die Hungersnot (*rā'āb*) alles andere als nur ein theologisch-
literarischer Topos. Israel ist zu biblischen Zeiten ein Agrarland, dessen Versorgung allein vom Niederschlag abhängt. Jedes unvorhergesehene Ereignis
kann zu einem Ernteausfall führen, der noch in den Folgejahren Nahrungs-
mangel mit sich bringt. Lokale oder regionale Hungersnöte dürften daher in
biblischer Zeit eher die Regel gewesen sein als die Ausnahme. Die Formulierung von V. 1 suggeriert allerdings eine landesweite Hungersnot. Eine solche
weist in die Zeiten der Fremdherrschaften, insofern die Tributpraxis der

---

[5] Zur Korrelation von *gûr* und *šûb* s. José Ramírez Kidd, Alterity and Identity. The *gēr* in the
Old Testament, Berlin/New York 1999 (BZAW 283), 22.
[6] Vgl. BHQ.

Assyrer, Babylonier und Perser dem Land ständig Ressourcen entzog. Zur Zeit der Abfassung des Ruthbuches war die Versorgungslage in Juda durch die Spätfolgen von Exil und Rückkehr sowie die persische Politik besonders angespannt, wie z. B. Neh 5 erkennen lässt.[7] So trifft die Hungersnot als Ausgangssituation den Erfahrungshorizont des Publikums.

Vor diesem Hintergrund ist es nicht verwunderlich, dass Hungersnöte im AT auch literarisch-theologisch eine Rolle spielen. Gen 22, 10–20; 26, 1–11 und die Josephsgeschichte (Gen 37–50) erzählen, wie mit Gottes Hilfe der Hunger bewältigt werden kann. Die zitathafte Einspielung von Gen 12, 10 in Ru 1, 1 signalisiert von Anfang an, dass hier eine Hoffnungsgeschichte zu erwarten ist. Mit den Genesiserzählungen geht Ru 1, 1 auch insofern parallel, als die Hungersnot weder Ursache noch Urheber hat – sie ereignet sich einfach. Die nachexilische Literatur kennt indes sehr wohl die Hungersnot als Indiz des göttlichen Gerichtshandelns, vor allem bei Jeremia und Ezechiel.[8] So ergibt sich die Frage des Publikums, ob nicht vielleicht doch Gott die Hungersnot (mit-) verursacht haben könnte.

Nach dem einleitenden Satz setzt die Handlung damit ein, dass der vorerst namenlose Mann fortgeht. Damit begegnet man gleich zu Anfang der Erzählung einem überraschenden Kontrast. Es ist geradezu ironisch, wenn der Hunger einen Menschen aus Bethlehem – wörtlich „Haus des Brotes" – vertreibt und lässt vermuten, dass diese Geschichte weiterhin überraschende Wendungen bereit halten wird.[9]

Da die Hungersnot ausdrücklich im ganzen Land stattfindet, wird Bethlehem in Juda vom galiläischen Bethlehem (Jos 19, 15) unterschieden. Der Mann verlässt Bethlehem, um anderswo die Hungersnot zu überbrücken. Der Begriff *gûr* bezeichnet die zeitlich begrenzte Emigration aus Israel/Juda ins Ausland, die von vornherein die Perspektive der Rückkehr enthält[10].

Mit Moab als Ziel der Flucht vor dem Hunger erzielt der Text einen ebenso überraschenden Effekt wie mit Bethlehem als Ausgangspunkt. Das klassische Ziel der (literarischen) Hungerflüchtlinge im AT ist entweder Ägypten (Gen 12; 42) oder das philistäische Gebiet (Gen 20; 26; 2Kön 8), also fruchtbares Land. Moab hingegen bietet dieselben klimatischen und wirtschaft-

---

[7] Vgl. E.S. Gerstenberger, Israel in der Perserzeit. Das 5. und 4. Jh., Stuttgart/Berlin/Köln 2008 (BE 8), bes. 88–96 (Lit.).

[8] T. Seidl, ThWAT VII (1993), 562 f.

[9] Sollte der Name Bethlehem ursprünglich mit der Wurzel *lhm*, „kämpfen" verbunden gewesen sein und/oder auf eine Gottheit LHM verweisen (vgl. O. Keel/M. Küchler, Orte und Landschaften der Bibel. Ein Handbuch und Studienreiseführer zum Heiligen Land. Bd. 2: Der Süden, Zürich/Göttingen 1982, 613 f.), so ist diese Bedeutung in persischer Zeit vermutlich längst verwischt.

[10] J. Ramírez Kidd, Alterity, 22–24 zeigt, dass Ru 1, 1 nicht den Status Elimelechs als *gēr*, „Schutzbürger" im Blick hat. Der *gēr* ist eine israelitische Rechtsinstitution, die immer zur Voraussetzung hat, dass sich der *gēr* gerade in Israel aufhält. Dagegen reflektiert das Verb *gûr* das Fremdsein von Israeliten im Ausland ohne rechtlich-soziale Konnotation, dafür mit der Perspektive der Rückkehr.

lichen Gegebenheiten wie Juda. Diese vordergründig unkluge Wahl weist darauf hin, dass Moab ebenso wegen seiner literarisch-theologischen Signifikanz gewählt ist wie Bethlehem.

Exkurs: Moab

Das ostjordanische Moab erstreckt sich geographisch vom Toten Meer im Westen zur arabischen Wüste im Osten und wird in Nord-Süd-Richtung von den Flüssen Arnon und Sered begrenzt. Politisch ist Moab von Ammon im Norden, Edom im Süden und Israel und Juda im Westen umgeben.

Zwischen dem 12. und dem 8. Jh. v. Chr. war Moab ein autonomes Königreich mit eigener Sprache und Kultur; im 8. und 7. Jh. ein assyrisches Vasallenkönigtum. 582 wurde Moab von den Babyloniern erobert und seine Selbständigkeit ging verloren.

Während der eigenstaatlichen Zeit Israels, Judas und Moabs war das politische Verhältnis wechselvoll, worüber sowohl biblische Quellen (2Kön 1; 3) als auch moabitische (Meša-Stele) berichten.[11] Zankapfel war vor allem der Norden Moabs, auf den auch Israel Anspruch erhob.[12] Doch nach Moab brachte David auch seine Eltern, um sie vor Saul zu schützen (2Sam 22, 1–5), einer der Hafttpunkte der David-Tradition im Ruthbuch.

Die wichtigste Rolle aber spielt Moab in Israels Frühzeit. Moab bildet die letzte Station Israels vor dem Einzug nach Kanaan, so dass die gesamte Erzählung von Num 22 bis Dtn 34 Moab zum Schauplatz hat. Das ist vom Textumfang etwa gleich viel wie die Sinaiperikope (Ex 19–Num 10) und theologisch annähernd vom gleichen Rang. Der Moab-Abschnitt bekommt seinen programmatischen Auftakt in der Bileam-Erzählung (Num 22–24)[13]. Nach dieser Episode verführen die „Töchter Moabs" Israel zum Götzendienst (Num 25, 1–5). Die Bileam-Geschichte und das ungastliche Verhalten der Moabiter (und Ammoniter) sind der Grund für den Ausschluss dieser Völker und ihrer Nachkommen aus der Gemeinde JHWHs Dtn 23, 3–8[14]. Den theologischen Höhepunkt erhält die Moab-Sequenz durch das Deuteronomium selbst: Es wird von Mose in Moab verkündet und durch einen Bundesschluss bekräftigt (Dtn 28), bevor Mose selbst in Moab stirbt und begraben wird (Dtn 34, 1–12). Für das Ruthbuch ist Moab somit der entscheidende Ausgangspunkt: Sowohl die Fremde als auch Israels Beziehung zu JHWH stammen von hier.

Die Formulierung „Gefild Moabs" knüpft direkt an Num 21, 20 an, das die Moab-Sequenz des Pentateuch eröffnet. Israel bittet um die Erlaubnis, das Gebiet zu durchqueren und versichert, keine Nahrung zu beanspruchen. Von

---

[11] Vgl. ausführlich S. Timm, Moab zwischen den Mächten. Studien zu literarischen Denkmälern und Texten, Wiesbaden 1989 (ÄAT 17); Überblick: J. Maxwell Miller, ABD IV (1992), 882–893 (Lit.).

[12] Frevel, 45.

[13] Ausführliche Analyse: U. Weise, Vom Segnen Israels. Eine textpragmatische Untersuchung der Bileam-Erzählung Num 22–24, Gütersloh 2006.

[14] Die polemische Erzählung von der inszestuösen Abstammung Ammons und Moabs Gen 19 hat vermutlich ebenfalls hier ihren Ursprung

Menschen bekommt Israel dann nicht, was es braucht, wohl aber von JHWH. Diese spannungsträchtige Situation wird in Ru 1, 1 erneut heraufbeschworen: Was wird dem Mann aus Bethlehem in Moab begegnen – Fluch oder Segen?

Am Schluss des ersten Verses weitet sich die personelle Perspektive. Nicht nur ein einzelner Mann geht nach Moab, sondern eine ganze Familie, eine Art Israel im Kleinen. Sowohl der Nennung der Frau als auch die der Söhne weckt neue Publikumserwartungen. Vor dem Hintergrund, dass 1, 1 a gezielt Gen 12, 10 zitiert, wäre zu vermuten, dass die Frau in der Fremde gefährdet wird. Die Nennung der beiden Söhne erinnert daran, dass in der Geschichte Israels sich die „Töchter Moabs" als Prüfstein für Israels Treue zu JHWH erwiesen haben (Num 25, 1–5; 1Kön 11). Die Familie setzt also möglicherweise in Moab ihre religiöse Existenz aufs Spiel.

V. 2 unterbricht zunächst die unmittelbare Handlung und zählt die Namen **2** der Vier in der Reihenfolge ihres Auftretens auf. Wie häufig im AT (vgl. Gen 17, 15; Hos 1, 6. 9 u. ö.) sind diese Namen „sprechend"; hier sind sie auf die Erzählung abgestimmt.

„Elimelech" ist ein Satzname „Mein Gott ist König"[15]. Er begegnet in 1, 1. 3; 2, 1. 3; 4, 9 und formuliert programmatisch die nachexilische Hoffnung auf die universale Herrschaft Gottes[16].

Der Name Naomi ist noch heute ein beliebter Frauenname. Ihm liegt die Wurzel *nāʿam/noʿam* zugrunde, die Schönheit, Wonne, Anmut und Süße bezeichnet und besonders in der Sprache der Liebe und Bewunderung Verwendung findet (vgl. etwa Gen 49, 15; 2Sam 1, 26; Hld 7, 6). Aber auch Weisheit und Rechttun sind mit diesem Begriff verbunden (Prv 2, 10; 3, 17; 15, 26; 16, 24), außerdem JHWHs Name (Ps 135, 3) und JHWHs Nähe (Ps 16, 6. 11; 27, 4). Der Name Naomi ist je nach Verständnis des affizierten -i- als „meine Wonne", „Wonne" oder „Wonne ist JHWH" aufzufassen. Auch er kommt alttestamentlich nicht weiter vor, mit *nāʿam/noʿam* gebildete Eigennamen sind jedoch häufig.[17] Die theologischen Obertöne des Namens sollen in Verbindung mit dem Namen Elimelech in den Vordergrund treten: Elimelech und Naomi tragen Gottes Macht und Gottes Güte in ihren Namen.

Zu diesem hochtönenden Namen stehen die Namen der beiden Söhne in denkbar größtem Kontrast: Maḥlon, von *ḥālāh*, „krank sein" und Kiljon von *kālāh*, „am Ende sein", also „schwächlich" und „gebrechlich"[18]. Die Namen sind *ad hoc* gebildete Kunstnamen, die die Vermutung wecken, dass die beiden Söhne nicht lange leben werden.[19]

---

[15] Im AT ist der Name nicht belegt, hat aber frühe Vorläufer in den Amarnabriefen und in Ugarit, vgl. Rudolph, 38.

[16] Frevel, 21 f.

[17] Alle Belege bei T. Kronholm, ThWAT V (1986), 501 f.

[18] So die kongeniale Übersetzung von Zenger, 34.

[19] Ältere, historisch orientierte Deutungen bei Gerleman, 14; Rudolph, 38.

Mit der Ankunft und dem Aufenthalt der Familie in Moab schließt der Vers. Die beiden ersten Verse haben für das Publikum einen Erwartungsrahmen gespannt: Der Mann, der wie Abraham aufgebrochen ist, kommt mit seiner Familie in Moab an, wie weiland Israel nach dem Exodus. Die Spannung, was in diesem der Tradition nach ungastlichen Land geschehen wird, leitet die Rezeption der weiteren Verse.

3   V. 3 eröffnet den Fortgang der Handlung mit einem Paukenschlag: Elimelech stirbt. Da vorher nichts über den Aufenthalt der Familie in Moab erzählt wurde, erweckt die Erzähldynamik den Eindruck, als käme dieser Tod sofort nach der Ankunft. Ohne Umstände wird damit die Erwartung ausgeschlossen, es könnte sich bei der Ruthgeschichte um eine Erzählung nach dem Muster „Gefährdung der Frau" (Gen 12; 20; 26) handeln. Mit dem Tod des Familienvaters richtet sich der Fokus auf Naomi, denn Elimelech bekommt das ungewöhnliche Attribut „der Mann der Naomi". Von nun an wird die patriarchale Familienstruktur, die die vorigen Verse prägte, aufgelöst. Es deutet sich an, dass die Geschichte zu einer Frauengeschichte werden wird.[20]

Naomi ist nun ihrem sozialen und Rechtsstatus nach eine Witwe. Der Begriff fällt im hebräischen Text allerdings nicht,[21] vielmehr setzt V. 3 andere Akzente. „Zurückbleiben, übrig bleiben" (šā'ar) kennzeichnet den elenden Zustand derer, die eine Katastrophe überlebt haben und denen für die Zukunft eine eminente Bedeutung zukommt: der „heilige Rest". Das prominenteste Beispiel dieser atl. Tradition ist Noah (Gen 7, 23), aber um die theologischen Konturen dieses Restes dreht sich ein großer Teil der nachexilischen Literatur, vor allem in der Prophetie.[22] Ru 1, 2 gibt keine inhaltliche Profilierung dieses Rest-Daseins, verknüpft aber ausdrücklich mit Naomi und ihren beiden Söhnen die Hoffnung aufs Überleben. Elimelech dagegen hat seine Rolle für die Geschichte ausgespielt; damit schließt der erste Teilabschnitt.

Vv. 4–5 bilden den nächsten Teilabschnitt der Exposition.

4   In *V. 4* scheint sich zunächst die Hoffnung zu erfüllen, dass die Familie trotz des Todes des Vaters bis zur Rückkehr überlebt. Die beiden Söhne heiraten moabitische Frauen. Hier greift der Text erneut das Verfahren der Anspielungen auf andere Texte und Traditionen auf. Die Eheschließung Maḥlons und Kiljons wird mit der Wendung „sie holten sich moabitische Frauen" wiedergegeben. Frauen „holen (*nāśa'*) statt des üblichen „nehmen" kennzeichnet in der nachexilischen Literatur die irreguläre Eheschließung (Ri 21, 23; 2Chr 11, 21; 13, 21; 24, 3) und ist in Esr 9, 2. 12; 10, 44; Neh 13, 25 der Terminus für die inkriminierten Ehen mit Ausländerinnen. Die Verbindung Maḥlons und Kiljons mit den beiden Frauen aus Moab ist eine solche Ehe, aber ob und inwiefern sie sich als Fehler herausstellen wird, ist die

---

[20] Vgl. Fischer, 124–126.
[21] Erst im Targum wird Naomi ausdrücklich als Witwe bezeichnet.
[22] Ausführlich: R. Clements, ThWAT VII (1993) 921–950, bes. 942–947 (Lit.).

nächste spannungstragende Frage. Von nun an verlangsamt sich das Tempo der Erzählung, so dass diese Frage lange im Raum bleibt.

Erneut wird zunächst die Erzählung unterbrochen, um Namen zu nennen.

Anders als bei den Judäern ist die Semantik der beiden „moabitischen" Namen Orpa und Ruth wenig eindeutig. „Orpa" wird in der rabbinischen Tradition von *'ōræp*, „Rücken, Nacken" abgeleitet, weil Orpa in 1, 14 ihrer Schwiegermutter den Rücken kehrt.[23] Der Name bleibt unerklärlich.[24]

Auch der Name Ruth ist nicht eindeutig bestimmbar. Eine Ableitung von *Re'ût*, „Nächste", im Sinne von „Gefährtin, Freundin" ist sprachlich schwierig, aber denkbar.[25] Die rabbinisch bezeugte Herleitung von *rāwāh*, „satt machen, satt sein" ist noch eher möglich.[26] Die Wurzel ist überwiegend in spätnachexilischen Texten belegt,[27] überschneidet sich in Ps 36, 9; Prv 5, 19; 7, 18 mit dem semantischen Feld, zu dem auch Naomis Name gehört und hat in Dtn 29, 18; Ps 65, 11; Jes 55, 10; 58, 11; Jer 31, 12. 14 Bezüge zu Fruchtbarkeit und Fülle. Andererseits gibt es auch ausgesprochen blutrünstige Konnotationen (Jes 34, 5. 7; Jer 46, 10).

Auch eine moabitische Herkunft der Namen Ruth und Orpa ist nicht grundsätzlich auszuschließen.[28] Wahrscheinlicher ist indes angesichts der Strategie des Ruthbuches, dass die beiden Namen absichtlich uneindeutig sind, um möglichst lange die Spannung zu halten, welche Rolle die – prinzipiell verdächtigen – Moabiterinnen spielen werden.[29]

Auffallenderweise wird nicht gesagt, wer mit wem verheiratet ist. Die Aufzählung legt die Paare Maḥlon-Orpa und Kiljon-Ruth nahe.

Analog zum Schluss von V. 2 schildert auch V. 4 b wieder den Aufenthalt der – jetzt neu konfigurierten – Familie in Moab. Doch jetzt dehnt sich die Zeit auf zehn Jahre und erweckt so den Eindruck einer Ruhepause.[30] In diesen zehn Jahren geschieht jedoch – nichts. Die Ehen bleiben kinderlos. Dieses Schweigen ist signifikant. Die Schwäche, die Maḥlon und Kiljon im Namen tragen, erweist sich so auch als Zeugungsunfähigkeit. Hier wird ein atl. Topos geschlechtsspezifisch umgekehrt. In der Regel ist Kinderlosigkeit durch die Unfruchtbarkeit von Frauen verursacht (vgl. Gen 16; 1Sam 1–2), in Ru 1, 4 sind es die Männer. Die zehn Jahre verknüpfen diese Perspektive gezielt mit Gen 16[31].

V. 5 nennt Maḥlon und Kiljon zum letzten Mal beim Namen, um sie 5 ebenso unvermittelt sterben zu lassen wie ihren Vater. Wieder wird die Konsequenz allein für Naomi ausgesagt. Das Verb „übrigbleiben" wird wieder-

---

[23] Rut Rabba 2, 9 vgl. dazu Zakovitch, 80.
[24] Fischer, 35 erwägt eine Herleitung von *'ārap*, „träufeln"; Rudolph, 38 versucht eine Herleitung aus dem Moabitischen.
[25] Vgl. Zakovitch, 81; Fischer, 35. 127.
[26] Als Abstraktbildung im Sinne von „Labsal", vgl. Fischer, 35. 127.
[27] Belege bei P. Maiberger, ThWAT VII (1993), 378–361.
[28] E. A. Knauf, Ruth la moabite: VT 44 (1994), 547 f.
[29] Zakovitch, 81 postuliert, dass nur die Nebenfiguren symbolische Namen tragen.
[30] Vgl. Zakovitch, 81.
[31] Zum Bezug auf Gen 16, 3 vgl. Zakovitch, 81; Petermann, 106.

holt, aber Naomi wird neu beschrieben: „Die Frau ohne ihre Kinder und ohne ihren Mann". Damit wird Naomi auf ihre nackte Existenz reduziert. Sie ist nun eine namenlose, kinderlose und verwitwete Frau, die ihre Kennzeichnung als „Rest" kaum noch verdient. Hier nimmt die Erzählung unvermutet eine Wendung ins Tragische, die durch das Fehlen jeglicher Reaktion Naomis noch unterstrichen wird.

6   *V. 6* bildet einen Übergangsvers, in dem der Spannungsbogen der Exposition zu Ende geführt und die Perspektive in eine neue Handlung eröffnet wird. Naomi bereitet ihre Rückkehr aus dem Gefild Moabs vor. Damit schließt sich der Bogen von V. 1: „Um sich aufzuhalten im Gefild Moabs" hat sein Ende in „um zurückzukehren aus dem Gefild Moabs." Gleichzeitig zeigt sich die Veränderung der Situation. Aus der intakten Familie ist eine Frau mit zwei Schwiegertöchtern geworden. Diese Konstellation ist textlich und sozial ungewöhnlich. Vom Verhältnis zwischen Schwiegermüttern und -töchtern erzählt das AT sonst nichts, nur Mi 7, 6 setzt ein enges und durchaus positives Verhältnis voraus. In sozialer und rechtlicher Hinsicht ist vorgesehen, dass verwitwete Frauen in ihre Geburtsfamilie zurückkehren, deren männliche Mitglieder die Witwe vertreten und versorgen. Die Konstellation dreier kinderloser Witwen, die nicht verwandt sind und sogar unterschiedlichen Völkern angehören, ist eigentlich unmöglich und weckt daher erhebliche Neugier.

In der zweiten Vershälfte wird Naomis Entschluss zur Rückkehr motiviert. Die Hungersnot ist (nach mehr als zehn Jahren!) beendet, und so gibt es für Naomi auch keinen Grund mehr, in Moab zu bleiben. Der thematische Bogen „Hunger" wird sehr nachhaltig beendet, insofern der Vers mit einem alliterierenden Reim schließt: „indem er ihnen Brot gab", hebr. *lātēt lāḥæm lāḥæm*. In diesem Vers werden auf engem Raum mehrere intertextuelle Bezüge miteinander verknüpft.

Das Ende der Hungersnot ist das Ergebnis einer personalen Zuwendung JHWHs zu den Seinen (*pāqad*). Der primäre Bezugstext für das Ende des Hungers in Ru 1, 6 ist Ps 65, 10–14, der preist, wie JHWHs Heimsuchung Fruchtbarkeit und Fülle schafft.[32] Diese Art der Gnade JHWHs ist Teil seiner königlichen Herrschaft, so klingt hier echo-artig der Name Elimelechs nach, und es wird damit ausgeschlossen, dass JHWH den anfänglichen Hunger verursacht haben könnte. Trotzdem ist diese Gnade JHWHs eigenartig gebrochen, denn sie wird nur durch Hörensagen vermittelt. JHWH bleibt so als Akteur im Hintergrund, präsent nur durch das Reden über ihn, wobei es keinen Redner gibt. Die Formulierung klingt damit an Ex 4, 31 an, wo das Volk von JHWHs Heimsuchung hört und daraufhin den Exodus wagt.[33] Die Phrase „indem er ihnen Brot gibt" erscheint noch in einem Lobpreis auf JHWH in Dtn 10, 18,[34] ist hier also ein Zitat, in Ru 1, 6 aber auf das ganze

---

[32] Die mögliche Wurzel des Namens Ruth, *rāwāh*, findet sich ebenfalls hier.
[33] Vgl. Zenger, 38; Fischer, 132.
[34] S. dazu Braulik, Deuteronomium, 118.

Volk JHWHs bezogen, in Dtn 10 nur auf den Fremden. Gleichwohl wird Naomi in Moab bekannt, wer JHWH ist; damit bekommt die Moab-Thematik insgesamt das Übergewicht in der Erzählung. Zwischen dem Beginn der Hungersnot in Ru 1, 1 und ihrem Ende in 1, 6 besteht erneut einer der typischen Kontraste von Ru 1. Die Hungersnot entsteht als abstrakte Gegebenheit im Land, sie endet, weil JHWH seinem Volk Brot gibt. Mit dieser Perspektive, die die drei Frauen an Israel in Ägypten und in Moab angleicht, endet die Exposition.

Die Einleitung des Ruthbuches Ru 1, 1–6 erzählt in vielfacher Hinsicht eine überraschende Geschichte. Die Überraschungen ergeben sich daraus, dass durch Zitate und Anspielungen Erwartungen an die Geschichte geweckt werden, die jedoch in ganz unerwartete Wendungen führen. Diese Wendungen ergeben das Gesamtbild einer tragischen Ironie. Aus einer intakten Familie, deren Oberhäupter Glück und Hoffnung verkörpern, werden drei einsame Frauen. Sie scheinen überhaupt keine Zukunft zu haben, gleichen aber doch Israel vor dem Aufbruch ins Gelobte Land. In fünf kurzen Versen haben die Männer ihre Rolle ausgespielt und nichts hinterlassen, worauf Verlass wäre. Das ist in der atl. Literatur eine noch nie dagewesene Situation.

Die Geschichte wird mit Verweisen auf andere Texte und bewundernswerter Kunstfertigkeit erzählt. Trotzdem ist sie keine literarisch-ästhetische Spielerei. Hunger ist im biblischen Israel eine alltägliche Realität, Flucht ins Ausland dürfte häufig das Mittel der Wahl gewesen sein. Den Geschichten der Genesis zum Trotz – dass Familienväter oder -söhne ihre Frauen unversorgt zurück ließen, ist wahrscheinlich öfter vorgekommen, als sich heute erahnen lässt. Hinter allem literarischen Gestaltungswillen liegt also auch ein klarer Blick auf die Wirklichkeit. Das Leben unter den Bedingungen von Hunger und Fremdheit muss dabei gar nicht ausführlich geschildert werden, weil das Publikum es nur zu genau kennt. V. 6 entlässt das Publikum in den nächsten Abschnitt mit der Frage, was nun mit den drei Frauen geschehen wird.

Zwei kleine Zusätze haben den Horizont der Geschichte erweitert und ihren Schwerpunkt leicht verlagert.

V. 1 aα gibt der an sich „zeitlosen" Erzählung einen historischen Rahmen.   1 aα Die Zeit „als die Richter regierten" ist als Epochenbezeichnung der Geschichte vorangestellt, dabei stoßen sich die beiden Narrative „und es geschah", „und es geschah". In der atl. Wahrnehmung ist die Richterzeit eine Ära des Götzendienstes, der Gefährdung und der politischen Anarchie[35]. Davon lässt die historische Situierung nicht von vornherein etwas erkennen. Dieser Zusatz hat einen langen Atem, weil die Intention der Historisierung erst in 4, 18–22 zum Vorschein kommt: Es geht um eine universale Heils-

---

[35] 2Kön 23, 22 bildet die einzige Ausnahme von dieser Regel.

geschichte. Er gliedert sich in das System der Kontraste von Ru 1 dadurch ein, dass er die Erwartung einer Geschichte von Bedrückung, Chaos und Untreue zu Gott weckt, die die Ruth-Erzählung dann gerade nicht einhält.

2 aβ   *V. 2 aβ* wird die ganze Familie summarisch als „Ephratiter aus Bethlehem-Juda" bezeichnet. Ephratiter als genealogischer Begriff erscheint nur noch 1 Sam 17, 12 – dort wird die Herkunft Davids erläutert. Der Zusatz will auf die besonderen genealogischen Verhältnisse am Ende des Ruthbuches vorausweisen und gehört mit 4, 12 in einen Horizont.

Eine Sippe oder Familie Ephrat[36] wird sonst nicht gesondert in den Stamm Juda integriert; die Linie Boas – Isai – David wird in 2 Chr 2, 12–16 ohne weitere Differenzierung in die Nachkommen des Perez eingeordnet. Eine Frau namens Ephrata wird aber in 2 Chr 2, 19. 24. 50; 4, 4[37] erwähnt. Sie ist in erster Ehe die Frau Hezrons, in zweiter Ehe die seines Sohnes Kaleb. Aus dieser Ehe geht der Gründer Bethlehems hervor. In den auffälligen Eheverhältnissen liegt eine Analogie zur Rutherzählung vor. Der Ergänzer verweist hier bereits darauf voraus, dass die genealogische Erzählung ungewöhnliche Wege nehmen wird.

Ruth 1, 7–19 a: Im Niemandsland

7. Und sie zog aus von dem Ort, an dem sie gewesen war, und ihre zwei Schwiegertöchter mit ihr. Und sie gingen auf dem Weg, um zurückzukehren ins Land Juda. **8.** Und Naomi sprach zu ihren zwei[38] Schwiegertöchtern: „Geht, kehrt zurück, jede ins Haus ihrer Mutter[39]! JHWH erweise euch[40] Liebe, wie ihr sie erwiesen habt an den Toten und an mir. **9.** JHWH gebe, dass ihr eine Heimat findet, jede im Haus ihres Mannes." Und sie küsste sie. Und sie erhoben ihre Stimme und weinten. **10.** Und sie sprachen zu ihr: „Fürwahr! Mit dir wollen wir zurückkehren zu deinem Volk!"
11. Und Naomi sprach: „Kehrt zurück, meine Töchter! Wozu solltet ihr mit mir gehen? Habe ich denn noch Söhne in meinem Leib, dass sie eure Männer werden könnten? **12.** Kehrt zurück, meine Töchter, geht[41]! Denn ich bin zu

---

[36] S. dazu A. Demsky, The Clans of Efrat: Their Territory and History: Tel Aviv 13, 1986, 46–59.

[37] Zu den Textverhältnissen s. Willi, Juda, 145–149; Ders., Chronik. Bd. 1: Kap. 1, 1–10, 14, Neukirchen-Vluyn 1991 (BKAT XXIV/1), 59–56.

[38] LXX und P lassen das Zahlwort aus.

[39] Die ungewöhnliche Formulierung wird von einem Teil der griechischen Textüberlieferung zum gebräuchlicheren „Haus ihres Vaters" geändert.

[40] Hier und in Vv. 9. 11. 13. 19 a; 4, 11 begegnen feminine (Pro-)Nomina mit maskulinem Suffix. Es handelt sich entweder um Aramaismen (Zakovitch, 35–37. 89) oder um altertümliche Dualformen (Joseph Tropper, Dualische Personalpronomina und Verbalformen im Althebräischen: ZAH 5 (1992), 201–208; Zenger, 42; Fischer, 87 f.).

[41] Der zweite Imperativ fehlt in LXX und P. Einige LXX-Handschriften bezeugen die Vokalisierung *lākēn*, „darum".

alt, um noch einen Mann zu haben. Wenn ich spräche: ‚Es gibt noch Hoffnung für mich!' und bekäme einen Mann noch diese Nacht[42] und würde
Söhne gebären – würdet ihr etwa für sie[43] warten, bis sie groß geworden
sind? **13.** Würdet ihr euch für sie abschließen, ohne einen Mann zu haben?
Nicht doch, meine Töchter! Fürwahr: Es ist mir bitter Leid euretwegen,
denn die Hand JHWHs ist gegen mich ausgezogen!"
14. Da erhoben sie ihre Stimme und weinten noch mehr. Und dann küsste
Orpa ihre Schwiegermutter.[44] Ruth aber hängte sich an sie.
15. Und sie (=*Naomi*) sprach: „Sieh doch: Deine Schwägerin kehrt zurück zu
ihrem Volk und zu ihrem Gott[45]. Kehr zurück hinter deiner Schwägerin her!"
16. Und Ruth sprach: „Zwinge mich nicht, dich zu verlassen, indem ich zu-
rückkehre, von dir weg!
Fürwahr: Wohin du gehst, gehe ich
und wo du übernachtest, übernachte ich.
Dein Volk – mein Volk
und dein Gott – mein Gott.
17. Wo du stirbst, sterbe ich, und dort will ich begraben werden.
JHWH möge mir tun, was er will – fürwahr: Der Tod allein wird mich von
dir trennen!"
18. Da sah sie (=*Naomi*): Jene war fest entschlossen, mit ihr zu gehen. Und
da sah sie davon ab, weiter mit ihr zu reden. **19.** Und die zwei gingen, bis sie
nach Bethlehem kamen.

1, 7 a–19 bildet die längste Szene des Kapitels. In dieser zweiten Szene vollzieht sich ein Ortswechsel von Moab (V. 7) zurück nach Bethlehem (V. 19 a),
dem Ausgangspunkt der Geschichte. Zwischen diesen beiden Stationen
spielt sich das Geschehen „auf dem Weg" ab. In räumlicher Hinsicht wird damit die Entscheidungssituation der Bücher Num und Dtn wiederholt: Wer
zum Volk JHWHs gehört, entscheidet sich auf dieser Grenze.
    In diesem Niemandsland zwischen Moab und Juda vollzieht sich erneut
ein Wechsel der Personenkonstellation. Die Familie Elimelechs, die in
Vv. 1–6 erst größer, dann kleiner wurde, reduziert sich nun endgültig auf die
beiden Frauen Naomi und Ruth, Schwiegermutter und Schwiegertochter.
Hier entsteht eine neue Beziehung. Im ganzen Abschnitt treten Verwandt-
schaftsbeziehungen auf: „Schwiegertöchter" (Vv. 7. 8) – „Mutter" (V. 8) –
„(Ehe-)Mann" (Vv. 8. 11. 12. 13) – „Töchter" (Vv. 11. 12. 13) – „Söhne"
(Vv. 11. 13) – „Schwiegermutter" (V. 14) – „Schwägerin" (V. 15). In Erzählung
und wörtlicher Rede buchstabiert der Text solcherart die möglichen und tatsächlichen Beziehungen der drei Frauen durch. Der Abschnitt Vv. 16–17. 18
ist frei von diesen Begriffen. Ruth spricht prononciert nur von „Du" und

---

[42] Fehlt in LXX, vgl. dazu E. Bons, Version, 218.
[43] S. Rudolph, 40; Zakovitch, 93.
[44] LXX ergänzt „und kehrte zu ihrem Volk zurück".
[45] Der Begriff *ᵉlohīm* ist auch als Plural lesbar.

„Ich" und legt die Bedingungen eines Verhältnisses fest, das vorerst keine Rollenzuschreibungen hat. Dementsprechend sind Ruth und Naomi am Ende der Szene nur noch „die zwei". Darin liegt der dramaturgische Hauptfaden dieser Szene.

1, 7–19 a setzt die Erzählung in ihrer Gesamtanlage fort. Gleichwohl beginnt hier eine neue Art des Erzählens, die das Ruthbuch entscheidend prägt: Handlung im Dialog. Die Szene besteht fast ausschließlich aus wörtlicher Rede. Die Bühne wird jetzt freigegeben, und die Personen sprechen für sich selbst. Reine Erzählung findet fast nur noch als Angabe des Rednerinnenwechsels statt. In die Gesamtstruktur des Kapitels ist 1, 7–19 a durch die Aufnahme wichtiger Leit- und Schlüsselworte eingebunden: „Gehen" (Vv. 7. 8. 11. 12. 16. 18. 19 a), „Tod/Sterben" (Vv. 8. 17), „JHWH" (Vv. 8. 9. 13. 17), „Volk" (Vv. 10. 15. 16), „zurückkehren" (Vv. 7. 8. 10. 11. 15. 16). Alle diese Begriffe werden in Vv. 7–19 a von erzählten Ereignissen zu Inhalten des Dialogs: Die Frauen sprechen über das Gehen, Sterben usw. Dabei erweist sich „zurückkehren" (*šûb*) mit insgesamt sieben Belegen als das Leitwort des Dialogs. Es wird nicht nur vom Handlungswort zum Gesprächsthema, sondern wird ausdifferenziert. Kennzeichnet *šûb* in V. 6 die Heimkehr nach einer vorherigen Auswanderung, also die Rückkehr zum Ausgangspunkt, so bekommt es in der Dialogsequenz weitere Facetten als Rückkehr/Umkehr in alte Beziehungen und Strukturen: Familie (V. 8), Volk (Vv. 10. 15), Gott (V. 15). Naomi versucht, Orpa und Ruth zu dieser Art Umkehr zu bewegen: In der Heimkehr liegt für sie die Chance eines Neubeginns. Ruth hingegen definiert in V. 16 ihren Ausgangspunkt neu: Rückkehr in die Heimat ist für sie gleichbedeutend mit dem Verlassen Naomis, die zu ihrem neuen Ausgangspunkt geworden ist.

Die Szene 1, 7–19 a gliedert sich in drei Unterabschnitte: Vv. 8–10; Vv. 11–14; Vv. 16–18. Die Vv. 7. 19 a bilden den narrativen Rahmen. In den drei Dialogabschnitten hat Naomi grundsätzlich das erste Wort. Ihre Reden beginnen jeweils mit einem Imperativ, in dem die beiden anderen zum Gehen auffordert. Es folgen Aussagen zur möglichen Zukunft der Drei. Vv. 8–10 entfalten einen Wunsch, Vv. 11–14 konstruieren eine hypothetische Möglichkeit. In beiden Fällen wird erwogen, ob und unter welchen Umständen die drei neue Ehen eingehen könnten, das Leitwort ist hier „einen Mann haben". Die hebräische Konstruktion *hājāh le 'îš* kennzeichnet das inderminierte Possessivverhältnis, der für die Ehe im AT sonst nur umgekehrt vorkommt (jemandes Frau sein). Hier wird völlig singulär das Verhältnis des Mannes zur Frau angesprochen.[46] In Vv. 16–18 kehrt sich die Rollenverteilung um: Auf Naomis Aufforderung es Orpa gleichzutun und fortzugehen, antwortet Ruth mit ihrer Perspektive auf die Zukunft in Form eines feierlichen Schwurs.

---

[46] Zakovitch, 91 f.

V. 7 schildert als narrative Einleitung den Aufbruch der Drei. Auch hier liegt 7
der Fokus auf Naomi. Der Vers beginnt mit dem „Auszug" Naomis (*jāṣā'*),
was betont an den Auszug aus Ägypten erinnert. Diese Anspielung ist durch
V. 6 vorbereitet: Nach der Verkündigung der Heilstat JHWHs bricht Naomi
nun in das Land auf, in dem buchstäblich wieder „Milch und Honig fließen."
Diese Exoduserinnerung überlagert sogar kurzfristig die in Moab spielende
Szenerie; Moab erscheint nur noch als namentlich nicht mehr genannter Auf-
enthaltsort.[47] Der Aufbruch ist vorerst ein Aufbruch ins Ungewisse. Nicht
Bethlehem ist das Ziel, sondern die drei kehren ins Land Juda zurück. Die
Formulierung verwendet die offizielle perserzeitliche Terminologie für Juda.
Gemeint ist die Provinz *Yehûd*, in der auch Bethlehem lag.

V. 8 nennt Sprecherin und Adressatinnen. Naomi wird erstmals seit V. 2 8
wieder bei ihrem Namen genannt. Damit tritt sie nun endgültig aus dem
Schatten ihres Mannes und ihrer Söhne heraus und agiert selbständig. Demgegenüber bleiben Orpa und Ruth weiterhin namenlos und erscheinen als
„ihre zwei Schwiegertöchter". Solange die drei noch beisammen sind, sind
Ruth und Orpa ihrer älteren Schwiegermutter untergeordnet, die sie entlassen muss. Und tatsächlich schickt Naomi mit ihrem ersten Wort die beiden
denn auch fort. Sie verbindet ihre Entlassung mit den besten Wünschen für
eine gute Zukunft ihrer Schwiegertöchter und ruft dafür Gott selbst zu Hilfe.
Die Aufforderung Naomis enthält zunächst eine Bitte an jede Einzelne, in ihr
jeweiliges „Mutterhaus" zurückzukehren. Ohne die zwei mit Namen anzu-
reden, behandelt Naomi sie damit doch als Individuen. Die Formulierung
„Mutterhaus" ist ungewöhnlich; üblich ist im AT der Begriff „Vaterhaus" für
die Familie. Setzt man voraus, dass die moabitische Gesellschaft in etwa wie
die judäische strukturiert war, müssten Orpa und Ruth in die Obhut ihrer
männlichen Verwandten zurückkehren, die sie versorgen und ggf. eine zweite
Ehe arrangieren. Hier wird jedoch anders akzentuiert. Mit der Rückkehr ins
„Mutterhaus" soll für die beiden jüngeren Frauen ein neues Leben beginnen,
in dem die Mutter wieder ihre primäre Bezugsperson ist. Naomi fordert
Orpa und Ruth demnach dazu auf, unter die zehn Ehejahre einen Schluss-
strich zu ziehen und ganz von vorn zu beginnen. Gleichzeitig macht sich
Naomi als Handelnde hier die Perspektive zu eigen, die sich schon seit V. 3
abzeichnet: Das Ruthbuch erzählt eine Geschichte, die sich jenseits der patriarchalen Familie abspielt.

Naomi schließt ihre ungewöhnliche Aufforderung mit einem ebenso unge-
wöhnlichen Wunsch. Das liebevolle Handeln der beiden möge JHWH mit
derselben Liebe vergelten.

Der Begriff *Ḥæsæd* kann sowohl mit menschlichem als auch mit göttlichem Subjekt
verwendet werden und bezeichnet die Summe aus Güte, Liebe, Gnade, Mitleid und
Barmherzigkeit. Mit JHWH als Subjekt ist es einer der Zentralbegriffe atl. Theologie.
Am deutlichsten kommt dies im Kehrvers von Ps 136 zum Ausdruck, der sechsund-

---

[47] Zur Exodusreferenz vgl. Zenger, 38 f.; Fischer, 132 f.

zwanzigmal bekennt „denn ewig währt seine *Hæsæd*". *Hæsæd* ist sogar geeignet, JHWHs Zorn in Schach zu halten (Ex 34, 6).[48]

Naomi kann ihre Wertschätzung Orpas und Ruths nicht anders ausdrücken als damit, dass ihr Handeln bisher diese Qualität gehabt hat: Liebevolle Güte zu den fremden Israeliten. Ungewöhnlich ist dabei nicht, dass Naomi von einer Vergeltung dieser Liebe ausgeht (vgl. etwa Ex 20, 6; Dtn 5, 10), sondern dass sie die beiden Moabiterinnen mit einer zentralen Eigenschaft JHWHs ausstattet. Dem Schreckgespenst der moabitischen Frauen, das durch die atl. Literatur geistert, wird hier der Abschied gegeben. Naomi lässt vielmehr durchblicken, dass diese Ehen durchaus glücklich und segensreich gewesen sind, für alle Beteiligten. Gleichwohl erwähnt sie ihre beiden Söhne nur noch als „die Toten". Diese Ehen liegen nun hinter Orpa und Ruth, und dass die beiden auch Naomi Liebe gezeigt haben, ändert nichts daran, dass es Zeit ist für einen neuen Anfang.

9   In *V. 9* schließt Naomi einen zweiten Wunsch an: JHWH möge den beiden eine Heimat (*M^enûḥā*) in einer neuen Ehe geben. *M^enûḥā* bezeichnet häufig das endgültige Ziel eines Lebensweges, für Israel auch Jerusalem (Dtn 12, 9; 1Kön 8, 56; Ps 132, 14) und hat damit den Unterton von Heimat und sogar Freiheit. Der Wunsch nimmt die Handlung von V. 6 auf. JHWH gab seinem Volk Brot und motivierte Naomi zur Rückkehr in ihre Heimat. In gleicher Weise soll er nun die beiden Frauen beheimaten: im Haus eines neuen Ehemannes. Für eine erwachsene Frau kann es in atl. Wahrnehmung kein anderes Lebensziel geben als eine Ehe. Nur hier kann sie die Rolle spielen, die die Gesellschaft für sie vorsieht. Diese Perspektive malt Naomi nicht weiter aus, doch zeigt das Stichwort *M^enûḥā*, dass sie die Ehe wirklich als Ziel ansieht (vgl. Ps 116, 7).[49] Dieses Ziel wird mit dem Stichwort „geben" ausdrücklich mit JHWHs Brotgabe von V. 6 parallelisiert.

Naomi besiegelt diese guten Wünsche an ihre Schwiegertöchter mit einem Abschiedskuss, Ruth und Orpa weinen. Hier wird die narrative Schilderung ungewöhnlich emotional und damit umso eindrücklicher.

10   *V. 10* bringt den ersten unerwarteten Wendepunkt der Szene. Ruth und Orpa wollen nicht in ihre Heimat zurückkehren, nicht von vorn beginnen. Vielmehr wollen sie beide mit Naomi zurückkehren zu Naomis Volk, also (V. 6) zu JHWHs Volk. Der Sache nach ist das unmöglich. Orpa und Ruth sind keine Judäerinnen, also können sie dorthin auch nicht zurückkehren. Es geht ihnen – wie das betonte „Du" zeigt – offenbar darum, bei Naomi zu bleiben. Gerade dadurch, dass hier ein unhaltbares Versprechen gegeben wird, werden Erwartungen geweckt.

---

[48] Vgl. ausführlich Hermann Spieckermann, Gnade. Biblische Perspektiven, in: Ders., Gottes Liebe zu Israel. Studien zur Theologie des Alten Testaments, Tübingen 2001 (FAT 33), 20–33, bes. 22 f. (Lit.); Ders., Die Liebeserklärung Gottes. Entwurf einer Theologie des Alten Testaments: A.a.O., 197–224, bes. 207–211.
[49] Vgl. Frevel, 57, der *M^enûḥā* mit „Geborgenheit" übersetzt.

In *Vv. 11-14* reagiert Naomi auf die neue Situation, indem sie laut darüber nachdenkt, wie sich die Beziehung der Drei gestalten ließe. Die Haltung gegenüber ihren Schwiegertöchtern ist dabei eigentümlich zwiespältig. Einerseits bleibt Naomi bei ihrer Absicht, die beiden fortzuschicken (Vv. 11. 12), andererseits redet sie sie mit „meine Töchter" an (Vv. 12. 13). Naomi schlüpft damit zumindest rhetorisch in die Rolle der (Ersatz-) Mutter. In dieser erwägt sie die Möglichkeiten des Zusammenlebens, die jedoch von vornherein Un-Möglichkeiten sind. Naomis Rede stellt eine rhetorisch ausgefeilte Komposition dar[50], die durch die beiden Imperative Vv. 11. 12 in zwei Teile gegliedert ist und V. 13 b mit einer Konklusion abschließt. Inhaltlich geht es beide Male um dieselbe Frage, nämlich, wie Naomi ihre Mutterrolle darin erfüllen könnte, Orpa und Ruth zu verheiraten. Die Rede ist also eine gedankliche Verlängerung von Vv. 8–9.

Der erste Teil *V. 11* ist noch relativ einfach. Naomi stellt in Form der rhetorischen Frage fest, dass sie keine Söhne mehr hat, die Ruths und Orpas Männer werden könnten. Es wäre also zwecklos, Naomi zu begleiten.   11

Komplizierter ist der zweite Teil. V. 12 begründet die erneute Aufforderung   12
zum Fortgehen mit der Tatsache, dass Naomi zu alt ist, um noch einmal einen Mann zu haben.

Das Ruthbuch erwähnt das Alter der Beteiligten an keiner Stelle. Für Naomi muss man annehmen, dass sie zum Zeitpunkt der Handlung die Vierzig überschritten hat. Voraussetzung dafür ist die Annahme, dass sie etwa mit 14 Jahren heiratete und die beiden Söhne bei deren Eheschließung etwa zwanzig Jahre alt waren. Eine alternde kinderlose Frau aber hat keine Chance, noch einmal einen Ehemann zu bekommen, auch wenn die Wiederverheiratung von Witwen prinzipiell nicht ausgeschlossen ist.

Im Anschluss daran (*V. 13*) konstruiert Naomi die völlig ausgeschlossene   13
Möglichkeit, im jetzigen Moment Söhne zu gebären. Selbst wenn dies möglich wäre – Naomi redet im Irrealis – müsste sie Orpa und Ruth zumuten, solange mit der Verbindung zu warten, bis sie selbst zu alt sind, um noch Kinder zu bekommen. Vor allem die erste Frage ist signifikant. *Śābar*, „harren" wird nur hier und Est 9, 1 mit menschlichem Objekt konstruiert. An allen anderen Stellen (Ps 104, 27; 119, 116. 166; 146, 5; Jes 38, 18) ist JHWH das Ziel der Erwartung. Das Verb hat eine deutliche Konnotation der Hoffnung auf Rettung vor dem Tod. So klingt hier denn auch die Bedeutung „würdet ihr darauf hoffen, dass sie groß werden" mit und erinnert daran, dass Naomi bisher nur schwache Söhne gehabt hat. Die Frage wird in einer Parallelformulierung wiederholt. Das Hapaxlegomenon *'āgan*, „abschließen" weist auf eine Art Zölibat in Erwartung einer neuen Ehe hin.[51]

Der hier konstruierte Fall ist beispiellos in der Bibel. Naomi reflektiert nach dem Muster des kasuistischen Rechts einen Fall, der schon biologisch ausgeschlossen ist. Auch rechtlich ist die Konstruktion ungewöhnlich, setzt

---

[50] Vgl. Campbell, 67 f.; Zenger, 39; Zakovitch, 92; Fischer, 138.
[51] Zakovitch, 93.

sie doch voraus, dass hier eine Art Leviratsehe auf dem Weg über Frauen geschlossen wird.[52] Doch es geht Naomi offenbar nicht um Rechtsfragen, sondern darum, für eine Ehe ihrer angenommenen „Töchter" zu sorgen – diese ist ja das Ziel, an dem sie dereinst ankommen sollten. In der gegenwärtigen Situation ist das aber nicht möglich.

Naomi bricht ihre ohnehin fruchtlosen Spekulationen unvermittelt ab, indem sie ihre hypothetischen Fragen selbst beantwortet: „Nicht doch, meine Töchter!" Statt einer Antwort formuliert sie eine unbestimmte Klage. Sprachlich möglich ist sowohl „Es ist mir euretwegen bitter Leid" als auch „Es ist mir bitterer als euch"[53]. In jedem Fall hat man die Formulierung als impliziten Aufruf zur Rückkehr aufzufassen. Der Begriff „bitter" (*mar*) ist bereits hier ein Wortspiel mit Naomis Namen („süß").

Ihre Bitterkeit bringt Naomi mit JHWHs Handeln in Verbindung. Wie immer man die Formulierung genau verstehen soll, JHWH ist die Ursache[54]. Hier kommt es erneut zu einer überraschenden Wendung. Hat Naomi bislang ungebrochen auf JHWHs Liebe und Güte vertraut (Vv. 6. 8), so klagt sie jetzt JHWH an, gegen sie vorgegangen zu sein, JHWHs gegen sie gerichtete Hand bringt über Naomi ihrer Wahrnehmung zufolge eine unheilvolle Aura, die sie ihren Schwiegertöchtern nicht zumuten will und die ihr Los schwerer macht als Orpas und Ruths.[55] Die Formulierung „ausgezogen ist die Hand JHWHs gegen" ist singulär im AT. Sie stellt Naomis ganze Heimkehr in Frage, denn „ausziehen" (*jāṣa'*) erscheint in V. 7 als Begriff für die Rückkehr unter den Vorzeichen der Erinnerung an den Exodus. Jetzt stellt Naomi plötzlich fest, dass JHWH ihr auf der Grenze zum Gelobten Land feindlich entgegen kommt.

An dieser Stelle muss das Publikum sich die Frage stellen, ob der ganze Aufbruch der drei nicht verfehlt war, trotz der hoffnungsvollen Perspektive an seinem Beginn. Ein Zusammenleben in Juda ist nicht möglich, eine Trennung wäre wirtschaftlich und sozial das Vernünftigste. Naomi könnte in Juda das Recht der Witwen in Anspruch nehmen, Orpa und Ruth in Moab einen neuen Anfang machen. Dem steht aber die offenkundige Liebe der beiden jungen Frauen zu Naomi entgegen, wie denn auch Naomi sich von JHWH geradezu verflucht sieht. So wäre auch eine Rückkehr der drei nach Moab denkbar. Auf jeden Fall ist nach V. 13 die Initiative Orpas und Ruths gefordert.

14   Tatsächlich löst sich in *V. 14* die Dreiergruppe auf. Noch einmal wird die Trauer der drei Frauen beschworen, die sich gegenüber V. 9 noch steigert.

---

[52] Vgl. Fischer, 137 und unten zu Kap. 4.

[53] Vgl. Campbell, 70 f. Die Peschitta gibt beide Möglichkeiten in einem Satz wieder.

[54] Campbell, 70 f. macht auf das unklare Verhältnis von V. 13 bα.β aufmerksam; die Lösung, die in *mᵉōd* ein altes Gottesepitheton sieht, will nicht recht befriedigen, zumal sie den Text ändern muss.

[55] Vgl. Zenger, 40; Fischer, 141. Hierin wird deutlich, dass Naomi nicht unvermittelt in jammerndes Selbstmitleid ausbricht (so etwa Rudolph, 33).

Dann übernimmt Orpa die Initiative und küsst Naomi – sie nimmt also wortlos Abschied und verschwindet aus der Erzählung. Was ihre Entscheidung letztlich veranlasst, bleibt im Dunkeln und erfährt auch keine Wertung. Umso größer ist – verstärkt durch den invertierten Satz – der Kontrast zu Ruth, die sich Naomi „hängt".

„Hängen" (*dābaq*) bezeichnet im personalen Bereich das Anhängen in Zuneigung und Loyalität und wird häufig für Israels Verhältnis zu JHWH gefordert (Dtn 10, 10; 11, 22; 13, 4; 30, 20; Jos 22, 5; 23, 8; Jer 13, 11). Unter Menschen kann *dābaq* die Loyalität zum Heerführer bezeichnen (2 Sam 20, 2), spielt aber die größte Rolle im Verhältnis zwischen Mann und Frau – mit durchaus sexuellen Untertönen (Gen 34, 3; 1 Kön 11, 2). Die grundsätzlichste Aussage macht Gen 2, 24: „Darum wird ein Mann Vater und Mutter verlassen und sich an seine Frau hängen (*dābaq*) und sie werden ein Fleisch werden". Ruths Anhänglichkeit an ihre Schwiegermutter hat zumindest der Intensität nach diese Dimension.

Vv. 15-18 bringt die Szene zum dramatischen Höhepunkt in einem Dialog zwischen Naomi und Ruth.

Das Gespräch wird in *V. 15* von Naomi eröffnet, die auffallenderweise **15** nicht beim Namen genannt wird. Das schafft eine momentane Unsicherheit darüber, wer spricht und erhöht damit die Aufmerksamkeit. Erst in der Rede selbst wird Naomi erkennbar. Sie kehrt dabei die Struktur ihrer vorigen Reden um: Nicht die Aufforderung zur Rückkehr wird argumentativ begründet, sondern die Aufforderung bildet die Schlussfolgerung. Für Naomi ist Orpas Abgang eine Rückkehr zu Volk und Gott. Zu Gott „zurückzukehren" ist eine theologisch ernstzunehmende Handlung, diese häufig ungehörte Forderung an Israel prägt das Jeremiabuch. Jetzt muss sich Ruth nicht nur entscheiden – das hat sie bereits getan – sondern ihre Entscheidung plausibel machen.

In *Vv. 16-17* tut sie das – im Gegensatz zu ihrer schweigenden Schwägerin äußerst wortreich. Diese 34 Worte sind Ruths erste und längste Äußerung in der Erzählung, mithin der Maßstab, an dem ihr weiteres Handeln zu messen sein wird. Auch Ruths Rede besteht aus einer Aufforderung (V. 16 a) und deren Begründung und hat die Zukunft zum Thema.

V. 16 beginnt mit einer Abwehr Naomis. Geradezu unwillig macht Ruth **16-17** deutlich, dass Naomi sie bedrängt.[56] Dann hält sie ihre Sicht auf die Rückkehr gegen die Naomis: Es würde nicht bedeuten, zu den eigenen Leuten zu gehen, sondern, Naomi zu verlassen (*'āsap*). In Ruths Mund erscheint damit der exakte Gegenbegriff zu *dābaq* von V. 14, sowohl in theologischer (Dtn 28, 20; 31, 16; Ri 10, 10; Jer 1, 16) als auch in zwischenmenschlicher Hinsicht (Gen 44, 20; Num 10, 30; 2 Kön 4, 30). In direkter Abfolge finden sich „anhängen" und „verlassen" nur noch in Gen 2, 24. Doch bei Ruth wird die Schöpfungsgeschichte umgekehrt: Nicht ein Mann verlässt Vater und Mutter, um sich an seine Frau zu hängen, sondern die Frau hängt sich an ihre

---

[56] Fischer, 146.

(Schwieger-) Mutter und verlässt sie gerade nicht um eines hypothetischen Mannes willen.[57] Diese Treue Ruths zu Naomi hat den Charakter des Unbedingten.

Vv. 16–17 a sind poetisch gestaltet und darum umso eindrücklicher. Drei äußerst kurze Verbalsätze rahmen zwei ebenso kurze Nominalsätze. Die Struktur „Du" – „Ich" prägt das Gesamtgefüge, so dass Ruth sich Naomis Führung bedingungslos hingibt.[58] Inhaltlich zeichnet Ruth den Lebensweg Naomis und damit ihren eigenen stichwortartig nach: „gehen" – „bleiben" (wörtlich „übernachten") – „sterben". Die abschließende Perspektive auf den Tod bindet den Schwur Ruths an Naomis bisherige Erfahrungen. Hatte das Sterben der Männer in der Fremde Naomi einsam und heimatlos gemacht, so verspricht nun Ruth Gemeinschaft und Rückkehr und nimmt sogar in Kauf, in fremdem Land begraben zu werden. Insofern schwört sie, Naomi sowohl den Mann als auch die Söhne zu ersetzen.[59] Die beiden Nominalsätze in V. 16 bβ bilden nicht zufällig die Mitte des Schwurs. Sie paraphrasieren die sog. „Bundesformel"[60] (Jer 30, 22), die auch in der Moab-Sequenz des Pentateuch ihre Rolle spielt (Dtn 26, 16–19). Ruth verwirklicht damit den Anspruch Israels an sich selbst, nämlich JHWH anzugehören – und konkretisiert dies in ihrer Bindung an Naomi.

Ruth bekräftigt ihr Versprechen durch die bedingte Selbstverfluchung V. 17 b, die verkürzt besagt „JHWH möge mir alles Erdenkliche antun, wenn etwas anderes als der Tod mich von dir trennte". So wird das Versprechen zum Schwur. Dabei ist signifikant, dass Ruth hier zum ersten und einzigen Mal den Namen JHWHs in den Mund nimmt. Das geschieht im AT sonst nicht; die Formel wird sonst mit dem allgemeineren 'ᵉlohīm, Gott, gebraucht. Die Einbindung JHWHs in den Schwur verstärkt seine Unbedingtheit. Außerdem greift die Formulierung Naomis Wunsch von V. 8 auf[61], wie sie auch auf Naomis Klage von V. 13 eingeht. Ruth liefert sich JHWH auf Gnade und Ungnade aus. Ohne die Frage nach (Familien-) Rollen zu stellen, verspricht Ruth Naomi eine lebenslange Beziehung

18 *V. 18* schildert Naomis Reaktion auf Ruths Schwur in narrativer Form. Naomi bemerkt Ruths Entschlossenheit und verzichtet auf weitere Argumente. Naomis Schweigen verstärkt nur die Wucht der Worte Ruths: Die Unbedingtheit von Ruths Versprechen macht Naomi offensichtlich sprachlos. Dieser Eindruck wird sprachlich unterstrichen durch die partizipiale Formulierung „fest entschlossen war jene", die Ruths Entschlossenheit geradezu

---

[57] Vgl. Butting, Buchstaben, 41.

[58] Zenger, 41.

[59] Campbell, 74; Fischer, 147 sehen in „und dort will ich begraben werden" eine Anspielung auf eine gemeinsame Bestattung, vgl. dazu Zenger, 42.

[60] Nach E. Kutsch, ThWAT II, 350, besser „Zugehörigkeitsformel".

[61] Zakovitch, 98. Die Parallele zu 2Sam 20, 13 hat dagegen keine textrelevante Funktion (anders R. Jost, Freundin, 28 f.; Fischer, 148).

zu einer Charaktereigenschaft macht. Naomi aber hat auch begriffen, dass Ruth mit ihr gehen will. Die Schilderung von Gefühlen und Gedanken in narrativer Form ist im Ruthbuch sehr selten, doch erfährt das Publikum auch hier nicht sehr viel: Ist Naomi erfreut, erleichtert oder doch eher verwundert? Empfindet sie möglicherweise Ärger, weil ihre gut gemeinten Ratschläge umsonst waren? Hier liegt eine spannungstragende Leerstelle für das Publikum.

In *V. 19 a* schließlich kommt die Szene zum Abschluss. Die beiden Frauen setzen ihren Weg fort, bis sie nach Bethlehem kommen, wo die Geschichte begann.

In *Ru 1, 7–19 a* findet die Rückkehr Naomis nach Bethlehem statt. Es ist eine Rückkehr unter veränderten Vorzeichen, denn statt mit den Männern ihrer Familie ist Naomi mit ihren beiden Schwiegertöchtern unterwegs. Über deren Motive, Naomi zu begleiten, erfährt das Publikum nichts. Das macht die Personenkonstellation nur umso ungewöhnlicher.

Eigentlich könnte nur eine Trennung der drei deren Zukunft sichern, eine Rückkehr in die jeweilige Heimat, wo ihnen die Strukturen der Witwenversorgung zur Verfügung stünden. Doch es kommt anders: Ruth unternimmt unerklärlicherweise das Wagnis, bei Naomi zu bleiben, und Naomi fügt sich, obwohl es gute Gründe dagegen gibt. So ist Ru 1,7–19 a die narrative Entfaltung eines Problems, das im Fortgang der Erzählung gelöst werden muss: Wie können die beiden in Juda miteinander leben, unter welchen Umständen kann Ruth ihr Versprechen halten?

Es ist ein durchaus reales Problem, das Erfahrungen des Publikums abruft. Die Sozial- und Wirtschaftsstruktur Judas in biblischer Zeit verlangt von Frauen hohe Flexibilität,[62] ohne jemals vollständige Sicherheit schaffen zu können. Eine Heirat gliedert sie in ein neues Familiengefüge ein, das sie jedoch wieder verlassen müssen, wenn sie verstoßen oder Witwen werden. Auch Verheiratung über Grenzen hinweg war gängige Praxis (Gen 24; 29–30). Diese Sozialstrukturen sichern das Überleben und Funktionieren einer ständig gefährdeten und unter Besatzung stehenden Bauernkultur ohne nennenswerte staatliche Versorgung und Organisation. Doch auch in neuen Familien, in die Frauen mindestens einmal in ihrem Leben eingingen, entstanden Bindungen und Beziehungen. Das Ruthbuch erzählt davon in dieser zweiten Szene. Dabei schildert die Erzählung gewiss nicht den Normalfall. Die judäische Gesellschaft war sozial, räumlich und zeitlich sicherlich nicht so mobil, wie es das Ruthbuch erscheinen lässt, und wie oft es zu einer Konstellation wie hier kam, lässt sich nicht sicher sagen. Doch bleibt sie wahrscheinlich, wenn auch ungewöhnlich.

In literarischer Verdichtung und Stilisierung schildert Ru 1, 7–19 a was geschieht, wenn wirtschaftliche Not und persönliche Bindungen aufeinander

---

[62] Vgl. zum Folgenden E. Gerstenberger, Perserzeit, 89 f.

treffen. Durch die Gestaltung als Dialog lässt der Text facettenreiche Charaktere agieren, die das Publikum zur Auseinandersetzung und Urteilsbildung herausfordern. In Naomi und Ruth treten wahrhaft unvergessliche und ungewöhnliche Frauen auf. Kein anderer atl. Text lässt zwei Frauen so ausführlich und intensiv zu Wort kommen und ihre eigene Lage reflektieren wie dieser. Ungeschützt und auch ungehindert durch patriarchale Strukturen sprechen sie aus, was ist und was sein könnte. Dass das Ziel dieser Diskussion in der Wiedergewinnung eben dieser patriarchalen Strukturen liegt – bis V. 13 dreht es sich darum, Männer und Söhne zu bekommen – tut der Außergewöhnlichkeit keinen Abbruch.

Vor allem Naomi bekommt in dieser Szene ein Charakterprofil. Sie tritt dem Publikum entgegen als liebe- und würdevolle Person, die große Worte findet für das, was ihre Schwiegertöchter tun und die eher deren Zukunft im Blick hat, als ihre eigenen Verluste zu beklagen (Vv. 8–9). Diese Verluste werden erst danach zum Thema, wenn Naomi in Vv. 11–13 mit unbeirrbarem Sinn für die Realität feststellt, dass sie selbst zu einer Zukunft zu dritt nichts beitragen kann – selbst wenn sie wollte. Es ist nur konsequent, wenn sie sich als von JHWH Verfolgte sieht.

Die Summe aus guten Wünschen, guten Argumenten und berechtigter Klage reicht offensichtlich hin, um Orpa zu überzeugen. Ihr wortloser Abgang lässt Ruths Widerstand gegen Naomis Argumente jedoch nur umso wirkungsvoller hervortreten. Dass Judentum und Christentum Ru 1, 16–17 völlig losgelöst von seinem literarischen Kontext in ihre religiöse Praxis integriert haben, belegt eindrucksvoll die Kraft dieser Worte. Dabei gewinnt Ruth nicht nur Profil als liebevolle Freundin und Schwiegertochter,[63] sondern zeigt sich auch als eine, die weiß, welche religiösen und sozialen Verpflichtungen sie mit ihrem Versprechen eingeht. Ungewöhnlich im atl. Kontext ist die Unbedingtheit dieser Bindung Ruths an Naomi. Keine andere atl. Figur spricht Worte wie diese. Ruth schwört ja nicht nur Naomi lebenslange Treue, sondern auch JHWH und Israel und tut damit als Moabiterin in Moab genau das, was Israel und Mose Generationen zuvor taten. Der die Szene prägende unerwartete Kontrast ist der zwischen der Judäerin, die die Möglichkeiten einer grenz- und Generationen überschreitenden Beziehung reflektierend auslotet, und der Moabiterin, die alle Grenzen mit großer Geste überschreitet.

Fast unmerklich bekommt auch JHWH im Dialog der drei Frauen seine Rolle in der Ruthgeschichte zugewiesen. Präsent ist er bislang nur im Reden über ihn und zeigt dort ein eigentümliches Doppelgesicht. Naomi vertraut auf seine Güte ebenso (Vv. 8. 9), wie sie ihn als Feind wahrnimmt (V. 13). Segen und Fluch liegen bei diesem Gott dicht beieinander. Israel als Volk hat dies im Exodus und in Moab selbst erfahren, zwei heilsgeschichtliche Stationen, die Ru 1 gezielt abruft und Naomi als persönlicher Erfahrung

---

[63] Zu diesem Aspekt ausführlich Fischer, 263 f.

reflektiert. Orpas Rückkehr ist damit auch die verständliche Rückkehr zu einem weniger unberechenbaren Gott. Doch Ruth lässt sich auch auf JHWH ein.

Ruth 1, 19 b–22: In Bethlehem

19. Und als sie nach Bethlehem kamen, da geriet die ganze Stadt ihretwegen in Aufruhr. Und die Frauen sprachen:[64] „Ist die da etwa Naomi?" **20.** Und sie sprach zu ihnen: „Nennt mich nicht Naomi (= „*Süße*"), nennt mich Mara (= „*Bittere*")! Denn *Šaddaj* hat mich im Übermaß verbittert. **21.** Ich – erfüllt bin ich gegangen, aber leer hat mich JHWH zurückkehren lassen. Wozu solltet ihr mich Naomi nennen? Hat doch JHWH mich gedemütigt und *Šaddaj* mir Böses angetan!"
22. Und so kehrte Naomi zurück, und Ruth, die Moabiterin, ihre Schwiegertochter mit ihr, die zurückgekehrt war[65] aus dem Gefild Moabs. Sie aber[66] kamen nach Bethlehem zu Beginn der Gerstenernte.

1, 19 b–22 bildet die letzte Szene des Kapitels. Die kleine Szene verwendet noch einmal die Hauptleitworte des Kapitels: „zurückkehren" (Vv. 21. 22) und „gehen" (V. 21). In ihrer Äußerung erörtert Naomi die Rolle JHWHs in ihrem Leben und knüpft dabei an den Gedankengang von V. 13 an.

V. 19 b setzt mit der Ankunft Naomis und Ruths in Bethlehem an. Sie erregt   19 b
großes Aufsehen (vgl. 1Sam 4, 15; 1Kön 1, 45).

Exkurs: Bethlehem

Das Ruthbuch zeichnet ein lebendiges Bild vom Leben in einer kleinen judäischen Stadt in biblischer Zeit, es ist gleichzeitig auch der Text, in dem Bethlehem am häufigsten erwähnt wird.
Bethlehem wird mit 36 Belegen relativ häufig genannt,[67] ist aber nur dreimal außerhalb des Ruthbuches der Schauplatz einer Erzählung: Ri 19, 1–19; 1Sam 16; 23 (par

---

[64] Hebräisch nur mit dem Verb 3.Fem. Pl. „Frauen" muss sachgemäß ergänzt werden.
[65] Der masoretischen Punktation nach liegt hier ein Perfekt mit Artikel in Funktion der Relativpartikel vor. Möglich ist auch Partizip mit Artikel in derselben Funktion. Die Phrase bezieht sich grammatisch auf Ruth, ist aber einigermaßen sperrig und wahrscheinlich bewusst unklar. Zu einer Streichung (Rudolph, 44) besteht kein Anlass.
[66] Hier das Pronomen 3. Masc. Pl. Für feminines Subjekt auch Hld 6, 8; Sach 5, 10.
[67] Gen 35, 19; 48, 7; Ri 17, 7–9; 19, 1–2. 18; Ru 1, 1–2. 19. 22. 2, 4; 4, 11; 1Sam 16, 1–4; 17, 12. 15; 20, 6. 28; 2Sam 2, 32; 23, 14–16. 24; 1Chr 11, 16–18. 26; 2Chr 11, 6; Esr 2, 21; Neh 7, 26; Jer 41, 17; Mi 5, 1. In 1Chr 2, 51. 54; 4, 4 ist Bethlehem Personenname.

1 Chr 11). Sonst erscheint Bethlehem als Herkunftsort von Personen sowie als Grabstätte Rahels (Gen 35; 48). Dadurch und als Heimat der Familie Davids spielt Bethlehem gleichwohl eine wichtige Rolle in der theologischen Geographie des AT.

Bethlehems Beiname ist „Ephrata", die Fruchtbare (Gen 35, 16. 19; 48, 7; Ru 4, 11; Mi 5, 1). Wie der Ortsname selbst („Haus des Brotes") deutet dies auf eine landwirtschaftlich ergiebige Umgebung, was sich auch heute noch vor Ort beobachten lässt.[68] Im AT selbst erfahren wir von Getreideanbau (Ruth) und Kleinviehhaltung (1 Sam 16). Sowohl Felder als auch Viehweiden lagen außerhalb der Stadt.[69] Wie alle Städte im zentralpalästinischen Bergland ist auch Bethlehem von einer gesicherten Wasserversorgung abhängig. Die Stadt selbst verfügt über keine Quellen, 2 Sam 23 berichtet jedoch von einem Brunnen außerhalb der Stadt.

Bethlehem liegt 8 km südlich von Jerusalem im judäischen Gebirge auf ca. 800 m Höhe. Der Ort ist auf einem Höhenrücken gebaut, den er wie ein Schiffsbug beherrscht.[70] Trotz dieser strategisch günstigen Lage war Bethlehem niemals militärisch von Bedeutung, weil es abseits des zentralen Verkehrswegenetzes liegt. Bethlehem war also immer nur ein kleines Landstädtchen – nach modernen Maßstäben sogar nur ein Dorf – was auch Mi 5, 1 reflektiert.

Obwohl es Siedlungsspuren aus prähistorischer Zeit gibt, ist Bethlehem wahrscheinlich nicht vor dem 10. Jh. v. Chr. gegründet worden, weil der Quellenmangel den Bau von Zisternen voraussetzt. Archäologische Zeugnisse über Bethlehem und seine unmittelbare Umgebung liegen bisher nicht vor.[71] In biblischer Zeit war Bethlehem wahrscheinlich zwischen 0, 5 und 1 ha groß und bot damit Raum für ca. 100–150 Personen. Ru 4 erzählt von einem Stadttor, was eine Stadtmauer voraussetzt; diese ließ sich jedoch nicht nachweisen. Für Anschauung über das biblische Bethlehem ist man also ausschließlich auf die Texte angewiesen.

In einem so kleinen Ort wie Bethlehem fällt alles Ungewöhnliche sofort auf, tagsüber fand ein Großteil des Lebens im Freien statt. Vor allem verheiratete Frauen unternahmen schwierige und aufwendige Arbeiten gemeinsam,[72] während Männer und Jugendliche außerhalb der Stadt auf den Feldern und bei den Herden arbeiteten.[73] Diese Situation setzt Ru 1, 19 b voraus und zeichnet so eine recht bildhafte Szene. Auffallend ist vor diesem Hintergrund jedoch, dass die Frauen Ruth scheinbar nicht wahrnehmen. Im Fokus ihrer Aufmerksamkeit steht allein Naomi, die erstmals seit V. 11 wieder bei ihrem Namen genannt wird.

Der Ausruf der Frauen bietet Naomi die Gelegenheit, über ihr Schicksal zu sprechen. *Vv. 20–21* bildet eine sorgfältig komponierte Rede Naomis. Sie

---

[68] O. Keel/M. Küchler, Orte, 612.

[69] O. Keel/M. Küchler, Orte, 638 ff.

[70] O. Keel/M. Küchler, Orte, 614 f.

[71] Uta Zwingenberger, Dorfkultur der frühen Eisenzeit in Mittelpalästina, Freiburg (Schweiz)/ Göttingen 2001 (OBO 180), 174 ff.

[72] C. Schäfer-Lichtenberger, Frauen in der Frühzeit Israels – Beobachtungen aus soziologischer und sozialgeschichtlicher Perspektive, in: M. Oeming (Hg.), Theologie des AT aus der Perspektive von Frauen, Münster 2003 (Beiträge zum Verstehen der Bibel 1), 127-153.

[73] S. dazu den Kommentar zu Ru 2.

richtet sich ausdrücklich nur an die Frauen und knüpft nicht nur thematisch an Vv. 10–13 an, sondern auch formal (Imperativ/Frage mit nachfolgender Begründung).

V. 20 beginnt mit Naomis Wunsch, nicht mehr Naomi genannt zu werden, 20 sondern Mara. Ihre Bitterkeit hatte Naomi bereits in V. 13 mit Gott in Verbindung gebracht, hier tut sie es jetzt aber explizit: „*Šaddaj* hat mich überaus verbittert".

Šaddaj ist eine Gottesbezeichnung die an 48 Stellen im AT verwendet wird, davon 31 mal im Hiobbuch.[74] Ihre Etymologie und Bedeutung sind bislang unklar – diskutiert werden „Gott des Feldes", „Gott des Berges" und „Gottheit mit Brüsten"[75]. Falls sich Ru 2 auf eine aktuelle Etymologie dieser Gottesbezeichnung bezieht, wäre „Gott des Feldes" wegen des Anklangs an das „Gefild Moabs" am wahrscheinlichsten.

Alle atl. Belege für *Šaddaj* sind spät. Die Gottesbezeichnung ist daher wahrscheinlich erst in exilischer Zeit in Israel-Juda zur Verwendung gekommen, möglicherweise wurde sie aus dem ostjordanischen Raum übernommen,[76] so dass auch in Ru 2 eine Art moabitisches Flair durchschimmert.[77] Bei der Übernahme war *Šaddaj* wohl bereits ein Eigenname, der von sich aus keine Bedeutung mehr trägt[78] und daher für verschiedene Aktualisierungen offen ist.

In allen atl. Belegen ist die Identität JHWHs mit *Šaddaj* vorausgesetzt, die Schlüsselstelle ist Ex 6, 3. Die Verwendung von *Šaddaj* als Alternative zu JHWH akzentuiert verschiedene Aspekte des Gottesbildes. Dabei erscheint *Šaddaj* als Segensspender (Gen 17, 1; 28, 3; 35, 11; 43, 14; 48, 3) wie als Gewalttätiger (Hi 6, 4; Jes 13, 6; Jo 1, 15). Die Septuaginta übersetzt meist mit *pantokrator*, „Allmächtiger", in Ru 1, 20 allerdings *ikanos*, „der (sich selbst) genügt". Jes 13, 6; Jo 1, 15 bringen den Namen *Šaddaj* gezielt mit der Wurzel *šādad*, „verwüsten, zerstören" in Verbindung, was möglicherweise auch in Ru 1, 20 anklingt.[79]

Auch in Ru 1, 20. 21 sind JHWH und *Šaddaj* identisch, wie die parallelen Verben anzeigen. Gleichwohl wird das Gottesbild ausdifferenziert, wenn man den Kontext des gesamten Kapitels betrachtet. *Šaddaj* bezeichnet ausschließlich das feindliche Handeln Gottes an Naomi, wohingegen JHWH sowohl Gutes (1, 6. 8) als auch Böses tut (1, 13. 21).[80] Für Naomi tritt das feindliche Handeln Gottes immer mehr in den Vordergrund.

In *V. 21* blickt sie auf die Ereignisse von 1, 1–19 zurück und bilanziert sie als 21 totalen Verlust. „Voll" und „Leer" bezieht sich auf Naomis Mann und Söhne. JHWH hat Naomi zwar zurückkehren lassen, aber das ist eine Rückkehr ohne Sinn oder Perspektive. „Leer" (*rēqām*) bezeichnet häufig auch „nutzlos" (Gen 41, 27; Ri 7, 16; Jer 14, 3; 51, 34). Der Name Naomi ist vor dem Hintergrund dieser Erfahrung nicht mehr angemessen.

---

[74] Belege bei G. Steins, ThWAT VII (1993), 1038 f.
[75] Zur Diskussion s. H. Niehr, ThWAT VII (1993), 1080–1082.
[76] G. Steins, ThWAT VII (1993), 1085.
[77] Fischer, 151.
[78] G. Steins, ThWAT VII (1993), 1085.
[79] Joüon, 44; Zakovitch, 102; Fischer, 151.
[80] Vgl. Zenger, 43.

Die Anklage Gottes von V. 21 a[81] treibt Naomi noch ein Stück weiter, in perfekter, an Psalmenklagen angelehnte poetischer Klage. Die Wonne und das Glück, die der Name Naomi verheißen, sind durch JHWH selbst in Frage gestellt, denn er hat Naomi „gedemütigt" (*ʿānāh* II)[82]. Der Begriff fängt die persönliche und soziale Desintegration ein, die im Tod endet und nicht selten mit der Rolle schutzloser Frauen verbunden ist (Gen 16, 6; 31, 50; Ex 22, 7-12; 1Sam 13, 11)[83]. Üblicherweise ist es JHWH, der aus solcher Demütigung rettet, doch Naomi kehrt diese Perspektive um. Die Parallel-ergänzung „*Šaddaj* hat mir Böses angetan" formuliert eine Summe: Das hier angesprochene „Böse" ist alles erdenklich Schlechte. Wie in V. 6 schließt die theologische Spitzenaussage auch hier mit einem Reim: (*wᵃJHWH ʿānāh bi wᵉšaddaj herāʿ lī*). Dass *Šaddaj* hier statt JHWH Subjekt ist, ist Absicht. JHWH als Subjekt des „Böses tun" hat grundsätzlich auch sein „Gutes tun" bei sich (Jes 45, 7; Hi 2, 10). Naomi will aber gerade ausschließen, dass JHWH an ihr Gutes getan haben könnte. Vielmehr bezeugt sie JHWH-*Šaddaj* als den, der an ihr handelt wie die Ägypter an Israel (Dtn 26, 6)[84]. Sie stellt damit gleichzeitig eine zweite Heilstradition in Frage. In Gen 35 er-scheinen die Rückkehr aus der Fremde mit dem vorläufigen Ziel Ephrata, der Namenswechsel (Jakob-Israel), der Kindersegen und der Gottesname *Šaddaj* als Abschluss der (priesterschriftlichen) Jakobgeschichte. Naomi stellt sich hier mit ihren eigenen Worten als das genaue Gegenbild des Erzvaters dar. Damit wird für dieses Kapitel der Rückblick auf die Genesis beendet, der mit Abraham begann (1, 1).

Naomis Klage ist inhaltlich und atmosphärisch der vollständige Kontrast zu Ruths Schwur von Vv. 16-17[85], und in der Zentrierung auf Naomis „Ich" ignoriert sie Ruth völlig.[86] Wie schon in V. 13 bricht damit ihre Rede ab. Von einer Reaktion der angesprochenen Frauen verlautet nichts, szenisch läuft diese Klage ins Leere[87]. Das verstärkt – ähnlich wie Naomis explizites Schweigen in V. 18 – den Eindruck der Worte Naomis.

22   Statt einer Reaktion der Beteiligten formuliert der Text in *V. 22* den Abschluss des gesamten Kapitels. Naomi kehrt zurück. Signifikant ist die zusätzliche Erwähnung Ruths, die umfangreicher ist als Naomis: Ruths Herkunft, Stellung zu Naomi und dass sie mit ihrer Schwiegermutter geht, werden aufgezählt. So ergibt sich zumindest ansatzweise eine Korrektur der

---

[81] Vgl. das Gegenbild in Ex 3, 21.

[82] Zum Nachweis von *ʿānāh* II statt *ʿānāh* I vgl. grundlegend Braulik, Deuteronomium, 118. Auch die LXX bezeugt dieses Verständnis. Die für *ʿānāh* II sonst nicht bezeugte Konstruktion mit *bᵉ* und Objekt in Ru 1, 21 hat stilistische Gründe.

[83] Vgl. E.S. Gerstenberger, ThWAT VI (1991), 253 f.

[84] Vgl. Braulik, Deuteronomium, 117 f.

[85] Vgl. ausführlich Zenger, 43.

[86] In zwei Versen sagt Naomi siebenmal „Ich" im Gegensatz zur „Du"-„Ich"-Struktur von Vv. 16-17, vgl. Zakovitch, 102.

[87] Vgl. Zakovitch, 102. Anders Fischer, 151. 153, die hier von einem teilnahmsvollen Schweigen der Frauen ausgeht.

Selbstwahrnehmung Naomis. Sie ist zwar ohne Mann und Kinder zurückgekehrt, aber gleichwohl nicht allein. Ruth hat sich an sie gebunden.

Die zeitliche Ansetzung zur Gerstenernte im April/Mai macht deutlich, dass die beiden Frauen nicht nur im „Haus des Brotes" ankommen, sondern auch zur Zeit des Brotes. Der Mangel ist also auch für Naomi und Ruth vorbei.

Ru 1, 19 b–22 ist zwar nur eine kurze Szene, gleichwohl aber kompakt. Naomis Klage gibt der Einsamkeit und Hoffnungslosigkeit der aus der Fremde zurückkehrenden kinderlosen Witwe einen bewegenden Ausdruck, der wie der ganze situative Hintergrund an die Erfahrungen des Publikums anknüpft.

Indes ist 1, 19 b–22 vor allem für die Dramaturgie des Ruthbuches eine entscheidende Szene. Sie bringt den Spannungsbogen des gesamten Kapitels zum Abschluss und eröffnet Perspektiven und Erwartungen auf den Fortgang der Erzählung.

Ruth 2, 1: Boas

1. Naomi aber hatte eine Verwandtschaft[1] ihres Mannes, einen tüchtigen und kraftvollen Mann aus der Sippe Elimelechs, und sein Name war Boas.

1   *2, 1* unterbricht die unmittelbare Erzählung und führt die dritte Hauptperson des Ruthbuches ein: Boas. Seine Vorstellung ist vielschichtig und weckt eine ganze Reihe weiterer Erwartungen.

Die Einführung des Boas beginnt etwas unbestimmt mit dem Blickwinkel auf Naomi. Sie hat eine Verwandtschaft ihres Mannes. Die Formulierung ist dieselbe wie in 1, 9 ff im Hinblick auf Ehemänner, und so ergibt sich: Naomi hat zwar weder Mann noch Söhne, aber jemanden, der ihrem Mann nahe stand. Wie nahe, bleibt zunächst offen. Der Begriff *mōda'* lässt sich auch als „Bekanntschaft" lesen,[2] doch wird Boas zusätzlich als „aus der Sippe Elimelechs" präzisiert. Der exakte Verwandtschaftsgrad wird nicht angegeben. Der Begriff ist ein Abstraktum (nur noch 3, 2; Prv 7, 4.)

Der Mann als solcher wird sodann näher charakterisiert als *'iš gibbōr ḥajil*. Als feststehender Terminus kennzeichnet die Wendung überwiegend Männer in ihrer Eigenschaft als Krieger[3], gelegentlich auch vermögende (2Kön 15, 29) oder zuverlässige Leute (1Kön 11, 28; Neh 11, 14; 1Chr 9, 13; 12, 29; 26, 6). Der Mann soll wahrscheinlich in diesem letzteren Sinn charakterisiert werden,[4]

Gibbōr, „stark" weist auf außergewöhnliche Fähigkeiten in jeder Hinsicht, auch Gott kann als *gibbōr* erscheinen. „Kraft" (*Ḥajil*) bezeichnet die physische Kraft, das finanzielle Vermögen (Hi 20, 18; Jes 28, 5), die Tüchtigkeit und Tatkraft (Prv 12, 4; 31, 10 von Frauen) und schließlich auch die sexuelle Potenz und Fruchtbarkeit (Jo 2, 22; Prv 3, 21). Der Mann ist also ein außergewöhnlich fähiger Mann.

In Boas' Namen wiederholt sich seine Charakterisierung. Der Name bedeutet „in ihm ist Kraft" und kann – ähnlich wie bei Naomi – auf seinen Träger oder auf Gott bezogen werden.[5] Diese Offenheit des Namens wird in Kap. 3 noch bedeutungsvoll werden. *'Az*, „Kraft" gehört zu demselben semantischen Feld wie die Charakterisierung des Boas, wird aber fast nie mit Gott verbunden. Vielmehr hat *'az* auch einen negativen Unterton von Härte

---

    [1] Qere, vgl. BHQ.

    [2] So übersetzt LXX.

    [3] Belege: H. Eising, ThWAT II (1977), 905 f.

    [4] Würthwein, 14 weist darauf hin, dass die Kriegsfähigkeit der *gibborē ḥajil* implizit auf Grundbesitz hinweist und will Boas daher in erster Linie als reichen Mann apostrophiert sehen, ähnlich auch Rudolph, 48; Frevel, 67; Zakovitch, 108. Ob Boas wirklich reich ist, wird im Text indes nie wirklich sichtbar.

    [5] Zakovitch, 108.

und Gewalttat (Ps 18, 11) und gilt als Eigenart des unbarmherzigen Reichen (Prv 18, 23).

So tritt mit Boas die personifizierte Kraft in die Erzählung ein. Es bleibt aber noch völlig offen, wie er seine Kraft einsetzen kann. Der Gegensatz seines Namens zu denen der Söhne legt nahe, dass er Maḥlon und Kiljon irgendwie ersetzen kann. Es ist möglich, dass Naomi in ihm den Mann bekommt, mit dem sie nicht mehr rechnet. Sogar ein spätes Kind ist für sie nicht ausgeschlossen. Der direkte Anschluss der Charakterisierung des Boas an die Klage Naomis lässt das Publikum vermuten, dass er vor allem für Naomi eine Rolle spielen wird. Doch auch eine Zuordnung Boas' zu Ruth wäre denkbar. Andererseits ist Boas' Name auch dahin offen, dass er seine Kraft zum Schaden der beiden Frauen einsetzen könnte, so dass es zu einer Gefährdung der beiden Frauen in der Heimat kommt. So ist die Bedeutung Boas' für den Fortgang der Geschichte offen, aber die Neugier ist geweckt.

Der Erwartungshorizont des Publikums geht aber bei der Nennung des Boas noch in eine weitere Richtung. Als einziger der Namen im Ruthbuch verweist Boas auf eine „historische" Persönlichkeit, nämlich den Urgroßvater Davids (1Chr 2, 11–12). Ob es dieser Boas ist, von dem die Geschichte erzählt, wird sich noch erweisen müssen, doch die Erwartung ist geweckt, dass es hier (auch) um David geht, der am Ende dieser Familiengeschichte steht.

Ruth 2, 2: Ruth und Naomi

2. Und Ruth, die Moabiterin, sprach zu Naomi: „Ich will aufs Feld gehen und auflesen unter den Ähren hinter demjenigen her, in dessen Auge ich Gunst finde." Und sie sprach zu ihr: „Geh, meine Tochter!"

2, 2 nimmt nach der Unterbrechung durch 1, 22–2, 1 den Handlungsfaden wieder auf und lenkt die Perspektive auf Ruth und Naomi zurück. Der Vers schildert ohne narrative Einleitung einen kurzen Dialog zwischen Ruth und Naomi, in dem Ruth ihr Vorhaben ausspricht. Narrativ bleibt offen, in welchem räumlichen und zeitlichen Verhältnis diese Szene zu ihrer Ankunft in Bethlehem steht. 1, 19–22 ist nicht aufgelöst worden, sondern nur unterbrochen. So suggeriert die narrative Logik, dass Ruth ihre Absicht direkt im Anschluss an das Gespräch Naomis mit den Frauen von Bethlehem ausspricht und die beiden sich auch noch mit diesen in der Stadt befinden. Wie sich später herausstellen wird, liegt zwischen dem Abschluss von Kap. 1 und dem Beginn von Kap. 2 wahrscheinlich mindestens ein Tag, doch die scheinbare Fortsetzung von 1, 19–21 durch 2, 2 tendiert darauf, dass sich die Problemkonstellation von 1, 19–21 in 2, 2 fortsetzt.

In 2, 2 ergreift Ruth die Initiative. Die Redeeinleitung weist Ruth erneut das Attribut „die Moabiterin" zu (vgl. 1, 22). Ruths Herkunft wird also für ihr Handeln relevant. Nach den vorangegangenen Ereignissen liegt es nahe, dass die folgende Erzählung die Akzeptanz der Fremden im Blick haben wird.

Ihre Absicht zum Ausgehen formuliert Ruth in aller Deutlichkeit, die nur wenig Widerspruch zulässt. Der Kohortativ mit *nā* drückt starke Entschlossenheit aus.[6] Das betont an den Anfang gestellte „Ich will gehen" weist doppelt in Kap. 1 zurück: Naomi „ging" von Bethlehem in das „Gefild Moabs", die Moabiterin will nun auf das Feld bei Bethlehem gehen. In beiden Fällen war es das Ziel, Nahrung zu erhalten[7], doch nun sind die Rollen umgekehrt.

Außerdem bezieht sich Ruths Absicht auf ihren Schwur 1, 16–17 zurück. Mit ihren ersten Worten in der Erzählung hatte sie zugesagt, dorthin zu gehen, wohin Naomi geht. Jetzt will sie gerade ohne Naomi gehen. Wohin sie dies führen wird, wird zur spannungstragenden Leitfrage an das Kapitel.

Der zweite Teil der Absicht führt das Hauptleitwort des Kapitels ein, *lāqaṭ*, „(Ähren) lesen" Ruth will bei einem Feldbesitzer, der gerade sein Getreide schneidet, Nachlese halten, d.h. sie will hinter ihm her gehen und stehen gebliebene Ähren abpflücken und herunter gefallene auflesen.

Die Nachlese wird in Lev 19, 9–10 (= 23, 22); Dtn 24, 19 geregelt. Der Intention nach gleich, unterscheiden sich die beiden Texte in der Formulierung.
  Lev 19, 9–10:
    Und wenn ihr die Ernte des Landes erntet, darfst du den Rand deines Feldes nicht vollständig abernten und darfst keine Nachlese (*lāqaṭ*) deiner Ernte halten (...) für den Armen und den Fremden (*Gēr*) sollst du sie zurücklassen (*'āsap*). Ich bin JHWH, euer Gott!
  Dtn 24, 19:
    Wenn du deine Ernte auf deinem Feld einbringst und hast eine Garbe auf dem Feld vergessen, sollst du nicht umkehren, um sie zu holen. Dem Fremden (*Gēr*), der Waise und der Witwe sollen sie gehören, damit JHWH, dein Gott, dich segnen möge in allem Tun deiner Hände!

Die beiden Vorschriften verfolgen dasselbe Ziel: Unversorgten soll der Ernterest zustehen, der Besitzende soll seine Ernte so durchführen, dass die Armen auch eine Chance bekommen, ihren Bedarf zu decken. In beiden Fällen ist die Rücksicht auf die Armen mit der Anerkenntnis JHWHs verbunden; hier ist ein sozialer oder kultischer Brauch zu einem Gebot theologischer Ethik geworden.

Lev 19 formuliert grundsätzlicher als Dtn 24: Es verbietet nicht nur die eigene Nachlese, sondern gebietet auch ein sparsames Abernten des Feldes. Außerdem sind die Nutznießer dieser Regelung mit dem Fremden (*Gēr*) und dem Armen (*'ānī*) allgemeiner konturiert als die deuteronomische Formel vom Armen, der Waise und der Witwe.

---

[6] Campbell, 91.
[7] Fischer, 160.

Mit der Wahl des Begriffs *lāqaṭ* für die Nachlese ist Ru 2, 2 dichter an der Formulierung von Lev 19, 9. Darüber hinaus ist gezielt ein weiterer Bezugsrahmen eingebracht. *Lāqaṭ* ist das Leitwort des Manna-Kapitels Ex 16,[8] d. h. hinter den sozialen Bestimmungen schimmert die Fürsorge JHWHs für die Seinen durch, auf die man sich verlassen kann und muss (vgl. auch Ps 104, 28). So weist Ruths Absicht von vornherein in den Kontext der Gnade und Güte. Wie schon in 1, 8 sind dabei menschliches und göttliches Handeln aufeinander hin transparent.

Ruth will bei dem lesen, der ihr diese Möglichkeit gewährt, nach ihrer Formulierung „in dessen Augen ich Gunst (*Ḥēn*) finde". Der Begriff gehört zum gleichen semantischen Feld wie *Ḥæsæd* (1, 8) und *nāʿam*: Güte, Wohlwollen, Zuwendung, auch Anmut und Schönheit. Das Lesen macht Ruth somit von der aktiven und wohlwollenden Zustimmung desjenigen abhängig, zu dem sie gehen will. Ohne diese Zustimmung kann sie diesen Wunsch nicht umsetzen, zum einen, weil die Nachlesebestimmungen kein objektives Armenrecht formulieren. Zum anderen kann Ruth jedoch diese Möglichkeit eigentlich nicht in Anspruch nehmen, weil sie als Ausländerin nicht zu den Nutznießerinnen des Nachleseprivilegs gehört. Sowohl Lev 19 als auch Dtn 24 haben ausdrücklich die Armen im Blick, die zu Israel gehören.[9] Tatsächlich müsste Naomi die Nachlese unternehmen, denn sie ist Witwe und darf daher lesen. Ruth ist zwar durch ihren Schwur 1, 16–17 zu einer Judäerin „auf Vorschuss" geworden, doch bislang hat niemand aus Bethlehem dies ausdrücklich bestätigt. Ruth agiert auf dem Hintergrund ihres Versprechens und handelt wie eine Arme aus JHWHs Volk. Genau dies muss aber öffentlich anerkannt werden.

Naomis Antwort fällt kurz aus. „Geh, meine Tochter!" ist weniger, als von der sonst so wortgewandten Frau zu erwarten wäre. Doch Naomi zitiert sich gewissermaßen selbst. Die Aufforderung „Geht, meine Töchter!" war in 1, 8–13 immer mit der Motivation verbunden, Ruth und Orpa die ihnen gemäße Zukunft zu sichern. Naomi nimmt damit die Rolle an, die der Mutter Ruths eigentlich zukommt. Stillschweigend (vgl. 1, 18) hat Naomi damit Ruths Schwur akzeptiert und wird im Folgenden ihre Funktion als Ersatzmutter wahrnehmen. Ihr erster Akt in dieser Rolle ist es, Ruth zu entlassen, also gewissermaßen ihren Schwur zu brechen. In dieser Erlaubnis Naomis hört das Publikum auch die Perspektive mit, dass Ruth auf dem Feld möglicherweise nicht nur Brot findet, sondern auch einen Mann.[10] Offen bleibt jedoch, ob und wie Naomi von Ruths Nachlese profitieren wird.

Der kurze Dialog, der räumlich und zeitlich unverbunden an 1, 22 anschloss, endet ebenso und bildet den Übergang zur nächsten Szene.

---

[8] Ex 16, 4. 5. 16. 18. 21 f.26 f.

[9] Das gilt auch für den Fremden (*gēr*), der kein Ausländer ist, sondern ein Landsmann, der sich außerhalb seines Territoriums aufhält, vgl. J. Ramírez Kidd, Alterity, 26 ff.

[10] Nach Fischer, 164 f. weist bereits das Stichwort „finden" darauf voraus (vgl. 1, 8).

Ruth 2, 3–18 a: Feld

3. Und sie ging und kam an und las auf dem Feld hinter den Schnittern her. Und da traf es der Zufall: Das Ackerstück gehörte Boas, der aus der Sippe Elimelechs war.
4. Und siehe da – Boas kam gerade aus Bethlehem. Und er sprach zu den Schnittern: „JHWH sei mit euch!" Und sie sprachen zu ihm: „Es segne dich JHWH!".
5. Und Boas sprach zu seinem jungen Mann, der den Schnittern vorstand: „Zu wem gehört diese junge Frau da?" **6.** Und der junge Mann, der den Schnittern vorstand, antwortete und sprach: „Sie ist eine moabitische junge Frau, die zurückgekehrt ist mit Naomi aus dem Gefild Moabs. **7.** Und sie sprach: ‚Ich will lesen und einsammeln hinter den Schnittern her!' Und da kam sie und war auf den Beinen vom Morgen bis jetzt; jetzt hat sie sich ein wenig hingesetzt."[11]
8. Und Boas sprach zu Ruth: „Hör gut zu, meine Tochter! Geh nicht zum Lesen auf ein anderes Feld und geh auch nicht hinüber von hier weg! So aber sollst du dich an meine jungen Frauen hängen: **9.** Deine Augen auf das Feld, auf dem sie ernten und geh hinter ihnen her! Ich habe nämlich meinen jungen Männern befohlen, dass sie dich nicht anrühren dürfen. Und wenn du durstig wirst, geh zu den Gefäßen und trink von dem, was die jungen Leute schöpfen!"
10. Da fiel sie auf ihr Angesicht und verneigte sich bis zum Boden. Und sie sprach: „Wie kommt es, dass ich Gunst gefunden habe in deinen Augen, dass du mich mit Achtung behandelst? Ich bin doch eine Ausländerin!"
11. Und Boas antwortete und sprach zu ihr: „Verkündet, ja verkündet wurde mir alles, was du für deine Schwiegermutter getan hast nach dem Tod deines Mannes: Du hast deinen Vater und deine Mutter und das Land deiner Abstammung verlassen und bist zu einem Volk gegangen, das du nie zuvor gekannt hast. **12.** Es vergelte JHWH dein Tun und dein Lohn sei vollständig von JHWH, dem Gott Israels, zu dem du gekommen bist, um dich unter seinen Flügeln zu bergen!" **13.** Da sprach sie: „Möge ich weiterhin Gunst finden in deinen Augen, mein Herr! Denn du hast mich getröstet und hast deiner Magd zu Herzen geredet – ich aber bin nicht wie eine deiner Mägde!"
14. Und Boas sprach zu ihr zur Essenszeit: „Komm hierher und iss von dem Brot und tauche deinen Bissen in die Tunke!" Und sie setzte sich an die Seite der Schnitter. Und er reichte ihr Röstkorn, und sie aß und wurde satt und behielt noch etwas übrig. **15.** Und dann erhob sie sich, um zu lesen.
Und Boas befahl seinen jungen Männern folgendermaßen: „Auch zwischen den Garben darf sie lesen, und ihr dürft sie nicht verächtlich behandeln!

---

[11] Zu dem Satz s. die Erklärung.

16. Mehr noch: herausziehen sollt ihr für sie aus den Ährenbündeln[12] und es liegen lassen, dass sie es liest. Und ihr dürft sie nicht beschimpfen!" **17.** Da las sie auf dem Feld bis zum Abend. Und dann klopfte sie aus, was sie gelesen hatte, und es war etwa ein Epha Gerste. **18.** Und sie hob es auf und kam zur Stadt.

2, 3-18 a bildet die längste Szene dieses Kapitels. Sie ist ein komplexer Textabschnitt. Vom Erzählverlauf ist er zeitlich gegliedert, arbeitet aber mit Rückblenden und Vorausblicken. Die Szene beginnt am Morgen, was indirekt aus V. 7 zu schließen ist, und endet am Abend. Der Hauptteil der Szene spielt sich um die Essenszeit ab. Offen bleibt, ob Ruth zwischen dem Gespräch Vv. 8-13 und der Einladung V. 14 noch einmal aufs Feld zurück geht.

Räumlich, zeitlich und personell schildert Ru 2, 3-18 a einen typischen Erntetag im biblischen Israel.

Exkurs: Gerste und Gerstenernte im biblischen Israel

Das biblische Israel war ein Agrarland, das im wesentlichen Getreideanbau und Kleinviehhaltung betrieb, in geringerem Umfang auch Obst-, Gemüse- und Weinbau. Jeder Ort hatte seine eigenen Felder, die außerhalb der Stadt lagen. Dabei kommt auf eine Stadt von 1, 5 ha Größe eine Anbaufläche von ca. 100 ha, Bethlehem war wahrscheinlich etwas kleiner. Mit „dem Feld" von Ru 2, 2. 3. 17 ist diese gesamte Anbaufläche gemeint, die in Teilstücke der Stadtbewohner aufgeteilt war (V. 3). Man darf wohl von einer durchschnittlichen Feldgröße von 1 ha pro Person oder Haushalt ausgehen,[13] das Getreide diente nicht nur zur unmittelbaren Ernährung, sondern wurde auch als Viehfutter und zum Bierbrauen genutzt.[14] Überschüsse wurden als Vorräte genutzt, von der späten Königszeit an muss man auch mit Ernteerträgen rechnen, die an das Königshaus, später an die Fremdherrscher abgeführt wurden.

Unter den Ackerbauprodukten nimmt das Getreide den weitaus größten Raum ein. Das bedeutendste Getreide in ganz Israel ist der Weizen (*Triticum aestivum*), der mit dem ersten Regen gesät und im Juni/Juli geerntet wird.[15] Gerste (*Hordeum distichum*) kann auf allen Böden kultiviert werden und wegen ihrer kurzen Lebensdauer auch im Bergland und sogar bei großer Höhe sicheren Ertrag bringen.[16] Gerste liefert überdies quantitativ einen höheren Ertrag als Weizen, muss aber, da ernährungsphysiologisch

---

[12] Zu den Übersetzungsproblemen vgl. Campbell, 103; Zakovitch, 123.

[13] J.R. Zorn, Estimating the Population Size of Ancient Settlements: Methods, Problems, Solutions, and a Case Study: BASOR 295 (1994), 31-48, hier 43 berechnet einen durchschnittlichen Jahresertrag von 800 kg Gerste bzw. 650 kg Weizen pro Hektar Anbaufläche. Seine Berechnungen basieren jedoch auf Zahlen aus moderner Zeit. Für vorchristliche Zeiten ist ein deutlich geringerer Ertrag zu veranschlagen.

[14] Nach den Berechnungen von Rosen und Zorn (B. Rosen, Subsistence Economy in Iron Age I, in: I. Finkelstein/N. Na'aman, From Nomadism to Monarchy. Archaeological and Historical Aspects of Early Israel, Jerusalem/Washington D.C., 1994, 339-351; J.E. Zorn, Estimating, 31-48) lag der Jahresbedarf an Getreide bei 200 kg pro Jahr und Person.

[15] M. Zohary, Pflanzen, der Bibel, Stuttgart 1995, 74.

[16] O. Borowski, Agriculture in Iron Age Israel, Winona Lake/In. 1987, 91 f.

weniger wertvoll, in größerer Menge konsumiert werden. Sie wird gleichzeitig mit dem Weizen gesät, aber bereits im April/Mai geerntet.

Gerste wird durchschnittlich 90–120 cm hoch. Beim Schnitt wird eine Handvoll Halme mit der einen Hand zusammenfasst (das „Bündel") und in einer Kreisbewegung mit der Bronze-, Eisen- oder Steinsichel kurz unterhalb der Ähre abgeschnitten. Ein solcher Einzelschnitt wiegt etwa 200 g. Die abgeschnittenen Ähren werden fallengelassen und entweder in Körben aufgesammelt oder gleich zu Garben zusammengebunden, die später abtransportiert werden. Nach der Ernte wird das Getreide auf der Tenne gedroschen und geworfelt.

Ein Erntetag dauert vom „Morgen" bis zum „Abend", d.h. wahrscheinlich von kurz vor Sonnenaufgang bis kurz nach Sonnenuntergang, das sind im Mai in Israel 16 Std. bei einer durchschnittlichen Temperatur von ca. 22° C. Gerste ist aufgrund ihrer starken Halme und haarigen Grannen relativ schwer zu handhaben. Es handelt sich also durchaus um Schwerarbeit.

Unterbrochen wird die Arbeit durch eine längere Essenspause, die sinnvollerweise um die Mittagszeit stattfindet, wenn die Hitze zu stark wird. Unter Umständen wurde für das Essen eine provisorische Hütte (vgl. Jes 1, 8) oder ein Zeltdach aufgestellt. Offenbar sind (Vv. 7. 9) individuelle Pausen möglich, um zumindest etwas zu trinken, die Gefäße sind nach Möglichkeit im Schatten aufgestellt.

Dass die jungen Leute auf dem Feld dem Boas zugeordnet werden (Vv. 5. 8. 9. 15), muss nicht zwingend bedeuten, dass Boas reich genug war, um Personal zu haben. Typischer ist, dass die unverheirateten Mitglieder der Stadtgemeinschaft gemeinsam die gesamte Feldfläche bearbeiteten und der jeweilige Feldeigentümer die Leitung des Tageseinsatzes hatte, dafür auch Essen und Trinken zur Verfügung stellte. Eine solche Gemeinschaftsarbeit garantiert eine möglichst effektive Durchführung der Ernte und ist in dörflichen und städtischen Gemeinschaften vorauszusetzen, wohingegen die Arbeit des einzelnen Feldbesitzers eher typisch für Einzelgehöfte ist.

Ob die Erntearbeit geschlechtspezifisch aufgeteilt war, ist umstritten;[17] die Aufteilung der Arbeitskräfte nach „jungen Frauen" und „jungen Männern" in Ru 2 ist auf die Erfordernisse des Textes abgestellt.

Die Erntearbeit und die Arbeiterinnen und Arbeiterinnen bilden die „Kulisse" der Szene in 2, 3–18 a. Das bildet einen atmosphärischen Gegensatz zu dem Gespräch der der drei Frauen irgendwo in der Einsamkeit des Weges zwischen Moab und Bethlehem von Kap. 1. Die Gruppe der Arbeiterinnen und Arbeiter ist jedoch eine stumme Kulisse, bis auf den Gruß in V. 4 sprechen sie nicht. Für sie spricht allein der junge Vorarbeiter in V. 7. Gleichwohl ist Ruths Verhältnis zu den Arbeitern und Arbeiterinnen ein wichtiges Thema der Dialoge. Wie sie sich in die Gruppe der Erntenden einfügen soll, wird zweimal verhandelt (Vv. 8–9; 15 b–16). In diesem Abschnitten findet sich *lāqaṭ* als Hauptleitwort – es geht also um die Bedingungen, unter denen Ruth ihre Lese durchführen darf. Ruth soll sich eng an die jungen Frauen anschließen (V. 8 b), die jungen Männer sollen Ruth vorangehen und dürfen sie nicht belästigen (Vv. 9. 16). So wird Ruth in diese Gruppe integriert und gleichzeitig aus ihr ausgegrenzt. Die Nachlese wird damit auch zu einer

---

[17] Vgl. Fischer, 168 ff., anders Zenger, 52.

Frage, wer mit wem unter welchen Bedingungen eine Beziehung eingeht. Das Gespräch zwischen Boas und seinem Vorarbeiter (Vv. 4–7) ist das Präludium dieser Thematik, die Anweisung Boas' an die männlichen Arbeiter (Vv. 15 b–16) schließt sie ab. Diese Abschnitte rahmen das zentrale Gespräch zwischen Boas und Ruth Vv. 10–13. Hier geht es nur kurz um die Bedingungen der Nachlese, die Hauptsache ist deren Voraussetzung, nämlich, dass Ruth bei jemandem „Gunst findet".

Die Szene ist in mehrere Einzelabschnitte zu gliedern, die sich an den jeweiligen Dialogpartnern orientieren: Vv. 3–4: Einleitung; Vv. 5–7: Boas und der Vorarbeiter; Vv. 8–13: Boas und Ruth; Vv. 14–15 a: Boas und Ruth beim Essen; Vv. 15 b–16: Boas und die Arbeiter; Vv. 17–18 a: Abschluss und Übergang zur nächsten Szene

Vv. 3–4 bilden die Einleitung zur Feldszene, sie wächst organisch aus Ruths Ankündigung aus V. 2 heraus.

In *V. 3* setzt Ruth ihr Vorhaben um. Sie gelangt auf ein Feld und hält dort   3
ihre Nachlese. Allerdings kommt sie nicht, wie geplant, bei einem einzelnen Feldbesitzer an, sondern arbeitet in einer Gruppe von Schnittern. Unter welchen Umständen sie ihre Erlaubnis bekommen hat, bleibt zunächst offen.

V. 3 b unterbricht die unmittelbare Handlung mit der Bemerkung, dass Ruth ganz zufällig auf Boas' Ackerstück geraten war. Dieser Zufall wird sprachlich betont mit der Figura etymologica *wajjiqær miqræāh*, wörtlich etwa „und ihr Zufall fiel auf das Ackerstück". Bezeichnet die Wurzel *qārah* an den meisten Stellen den absoluten Zufall (vgl. exemplarisch Dtn 22, 6), so bekommt dieser bei Kohelet eine Umgewichtung in Richtung „Schicksal" (Koh 2, 14. 15; 3, 19; 9, 2). Dahinter steht die Reflexion, dass auch im scheinbaren Zufall die Hand JHWHs wirkt.[18] Wahrscheinlich rechnet auch Ru 2, 3 mit dem Wirken JHWHs, formuliert das aber nicht ausdrücklich. Ob und wie diese Fügung eine göttliche Fügung ist, kann das Publikum nur vermuten.[19] Der Satz stellt indes den Zufall, der Ruth betrifft, neben den Zufall, der mit Boas verbunden ist. *Hælqāh*, das Ackerstück, ist zum Einen ein bodenrechtlicher Terminus und bezeichnet das – ursprünglich durch Los, danach durch Erbe – zugeteilte Stück Land. In späten Texten ist die maskuline Form *Hælæq* zum Anderen das „Los" im Sinne des Schicksals[20]. Über einen doppelten Zufall werden somit die beiden (indirekt) Verwandten zusammengeführt.

V. 4 lässt Boas endlich auftreten und betont diesen Auftritt durch das stark   4
emphatische *Hinnēh*, „siehe da" mit nachfolgendem Partizip.

Mit dem Auftritt des Boas verlangsamt sich das Erzähltempo. Boas und Ruth werden nicht sofort zusammengeführt, sondern Boas nähert sich Ruth schrittweise, was die Spannung erheblich steigert.

---

18 So auch schon vor Kohelet bei *qārah* Nif., Hif., vgl. H. Ringgren, ThWAT VII (1993), 174.
19 Zenger, 52.
20 Hi 20, 29; Jes 17, 14; Jer 10, 16, s. M. Tsevat, ThWAT II (1977), 1019.

Als erstes entbietet Boas seinen Schnittern einen höflichen Gruß. Die standardisierte Grußformel ist hier vor allem für die Textdramaturgie relevant. Das erste Wort, das Boas spricht, ist der Name Gottes. So erweist er sich vom ersten Moment der Erzählung an als frommer Mann und weckt damit die Erwartung, diesem Anspruch auch gerecht zu werden.[21]

Die Schnitter antworten mit einer Variante: „JHWH möge dich segnen!" Offenbar gibt es einen traditionsgemäßen Zusammenhang zwischen Erntearbeit und Segenswunsch (vgl. Ps 129,8), aber die Antwort der Arbeiter ist auf die Erzählsituation abgestimmt. So, wie Boas erstes Wort „JHWH" ist, wird er aus der Außenwahrnehmung zu allererst als Gesegneter geschildert.

Vv. 5–7 bilden den nächsten Teilabschnitt der Szene. Boas spricht mit seinem Vorarbeiter über Ruth, ohne sich ihr jedoch zu nähern. In dieser Szene wird zum ersten Mal von einer handelnden Person über Ruth gesprochen. Insofern ist diese Teilszene für das gesamte Buch von hoher Bedeutung, nicht nur, weil Boas den ersten Schritt auf Ruth zu macht, sondern, weil sie zeigt, wie Ruth von ihrer Umwelt wahrgenommen wird.

5   In *V. 5* richtet Boas das Wort an seinen Vorarbeiter. Hier werden hierarchische Verhältnisse sichtbar: Während der Abwesenheit des Feldbesitzers wird die Arbeit durch einen Vorsteher wahrgenommen, der seinem Herrn Bericht erstattet, aber ohne ihn weitgehend eigenverantwortlich arbeitet, indem er zum Beispiel zusätzliche Arbeitskräfte (vorläufig) in Dienst nimmt. Er muss also derjenige sein, der Ruth zuerst die Erlaubnis zur Nachlese gegeben hat, m.a.W., in dessen Augen sie „Gunst gefunden hat". Mit dem Vorarbeiter begegnet die erste Person im Ruthbuch, die mit keiner der Personen verwandt oder verschwägert ist. Er wird als „junger Mann" bezeichnet und führt damit eine für das Kapitel wichtige Rolle ein.

Mit *nā'ar* wird allgemein der junge Mann bezeichnet, wobei sein Alter jedoch nicht wirklich spezifiziert ist.[22] Es ist daher weniger eine Altersbezeichnung als die einer sozialen Rolle: den „noch im Verband der Familie lebenden Sohn unterschiedlichen Alters"[23].

Ein großer Teil der Belege spricht vom *nā'ar* in einem Dienstverhältnis: Hausgesinde (1Sam 9,13), Feldarbeiter (Hi 1,5), Hirten (Hi 1,6), Reisebegleiter (Gen 22,3. 5. 19), in Heeresdiensten (1Sam 14), am Königshof als Hofleute (2Sam 13). Außerbiblisch ist der Begriff als Selbstbezeichnung königlicher Funktionäre belegt[24]. Dieses Dienstverhältnis ist – im Unterschied zum Sklaven (*'æbæd*) – freiwillig. Von finanzieller Entlohnung ist in diesen Verhältnissen nicht die Rede, vielmehr hat das Hebräische einen eigenen Begriff für den Lohnarbeiter. So ist anzunehmen, dass junge

---

[21] Vgl. Zenger, 54; Frevel, 71; anders Fischer, 168.
[22] Sie reicht vom Säuglingsalter (Ex 2,6; 1Sam 1,22) über die Jugend (1Sam 17,33. 42. 55. 58) bis zum Alter von 30 Jahren (Num 4,3. 23; 1Chr 23,3).
[23] H. Fuhs, ThWAT V (1986), 512.
[24] S. Zenger, 52 (Lit.).

Männer vor allem in agrarischen und militärischen Kontexten in Dienste traten, die ihren Fähigkeiten entsprachen, gleichzeitig aber auch ihrer Erziehung und Bildung dienten (vgl. Prv 22, 6. 15; 29, 15). Auf die Übersetzung „Knecht"[25] bei Ru 2 sollte daher verzichtet werden, aber auch „Verwalter"[26] suggeriert andere Verhältnisse, als Ru 2 sie erkennen lässt.

Boas fragt seinen Vorarbeiter nach Ruth. Er muss sie irgendwie bemerkt haben. Nach dem Kenntnisstand des Publikums befindet sie sich auf dem Feld und arbeitet hinter den Schnittern. Erneut fällt Ruth also auf. Anders als bei ihrer Ankunft in Bethlehem (1, 19 b) wird sie jetzt aber auch wirklich bemerkt.

Boas fragt ganz als Arbeitgeber. Nicht ihre Identität ist für ihn von Interesse, sondern ihre familiäre und/oder soziale Zugehörigkeit zu einem Vater, Bruder, Ehemann oder Herrn. Indem er sie als „junge Frau" (na‘rāh) bezeichnet, stellt er sie seinen anderen Arbeitskräften gleich.

Die na‘rāh bezeichnet analog zum nā’ar die unverheiratete, aber heiratsfähige junge Frau[27]. Junge Frauen begegnen als Arbeitskräfte außer im Heer ebenso wie die jungen Männer (Gen 24, 61, 1Sam 25, 42 u. ö.). Entscheidend für Boas' Frage nach Ruth ist, dass die na‘rāh Rechtsschutz genießt, wobei sie in aller Regel von ihrem Vater vertreten wird (Ex 22, 15; Dtn 22, 13 ff.). In 2Sam 13 nimmt der leibliche Bruder die Interessen seiner Schwester wahr; in Ri 19 vertritt der Vater seine bereits verheiratete Tochter, weil sie und ihr Mann sich in seinem Haus befinden. Für Boas ist es daher wichtig zu wissen, zu wem Ruth gehört, falls es bei ihrer Arbeit zu rechtlich relevanten Schwierigkeiten kommt. Möglich ist durchaus, dass sich unter den jungen Frauen auch bereits verheiratete befanden, die aber noch keine Kinder hatten.[28] In dem Fall wäre der Ehemann ihr Rechtsvertreter.
Das Heiratsalter der jungen Frau im biblischen Israel lag vermutlich zwischen 12 und 16 Jahren. Die jungen Frauen auf dem Feld sind daher jünger als die jungen Männer – und deutlich jünger als Ruth, die schon Mitte bis Ende Zwanzig war.

Indem Boas nach Ruths Zugehörigkeit fragt, tritt für das Publikum wieder die Frage in den Vordergrund, ob Ruth auf dem Feld womöglich einen Mann finden wird. Mit dem Nebeneinander von „junger Mann" und „junge Frau" zeichnet sich die Perspektive ab, dass der Vorarbeiter Ruths Partner werden könnte.[29] Ist Boas' Frage im Rahmen der Welt des Textes also sinnvoll, so ist sie im Verlauf der Erzählung doch auffällig. Boas kommt aus Bethlehem. Nach 1, 19 geriet die ganze Stadt über Naomi und Ruth in Aufruhr. Boas müsste also von den beiden wissen. Seine Frage tendiert daher im Rahmen

---

[25] Rudolph, 45; Gerleman, 22; Zakovitch, 111; Zenger, 52 f.; Lutherbibel, Einheitsübersetzung, Elberfelder.
[26] H. Fuhs, ThWAT V (1986), 516; Frevel, 70 f.
[27] Belege bei H. Fuhs, ThWAT V (1986), 516.
[28] Schwangerschaft und (Klein-) Kinder schränken den Aktionsradius einer Frau ein, deswegen blieben Mütter meist im Bereich des Hauses, vgl. C. Schäfer-Lichtenberger, Frauen, 150 ff.
[29] Vgl. auch Fischer, 170.

der Erzählstrategie darauf, eine bestimmte Wahrnehmung Ruths zu formulieren, nicht, Informationen zu bekommen. Die Antwort, die der Vorarbeiter
geben wird, wird die Handlung daher entscheidend mitbestimmen.[30]

Die Antwort des Vorarbeiters *Vv. 6–7* ist die längste Rede einer Nebenfigur
im Ruthbuch und die erste, in der ein Bethlehemer etwas über Ruth sagt.
Überdies sie sie der erste Textabschnitt, der Ereignisse berichtet, die sich
nicht vor den Augen des Publikums abgespielt haben. Das macht die Rede
außerordentlich wichtig für den weiteren Verlauf.

6   In *V. 6* bezeichnet der Vorarbeiter Ruth zunächst als „junge Frau", also ihm
tendenziell sozial gleichrangig. Er nimmt diese Gleichrangigkeit jedoch sofort wieder zurück, indem er Ruth als Moabiterin kennzeichnet. Wie in V. 2
steht also Ruths ausländische Herkunft im Vordergrund und damit die Frage,
ob sie das Nachleseprivileg überhaupt in Anspruch nehmen darf. Danach
„zitiert" der Vorarbeiter den Erzählerkommentar von 1, 22. Anders als dort
ist jetzt völlig eindeutig, dass Ruth der Status der Rückkehrerin aus dem
Gefild Moabs zugestanden wird. So ist der Vorarbeiter derjenige, der Ruth
als erster ausdrücklich anerkennt. Sie ist zwar moabitischer Herkunft, aber
zurückgekehrt. Damit zeigt sich der Vorarbeiter als jemand, der Ruths würdig wäre. Ihren Namen nennt er nicht, wohl aber Naomis. Somit weiß Boas
jetzt – noch vor Ruth und Naomi – dass Ruth seine (angeheiratete) Verwandte ist. Seine Frage „Zu wem gehört sie" ist damit doppelt beantwortet.
Ruth gehört zu Naomi und über diese auch zu Boas.

7   In *V. 7* zitiert der Vorarbeiter dann Ruths Bitte, die gegenüber ihrer eigenen
Ankündigung in V. 2 leicht variiert ist. Neben dem „Ich will lesen" steht das
zusätzliche „und auflesen unter den Garben". Das heißt, dass Ruth nicht
nur einfach eine Handvoll stehengebliebener oder heruntergefallener Ähren
aufsammeln möchte, wie sie es ursprünglich angekündigt hatte, sondern
auch, dass sie gezielt unter den zusammengelegten oder -gebundenen
Garben sucht.[31] Mit dem Begriff „Garben" wird außer wie vorher auf Lev 19, 9
jetzt auch gewollt auf Dtn 24 angespielt. So wird nachdrücklich an die Verpflichtung erinnert, den Armen etwas übrig zu lassen. Gleichwohl werden
die beiden Nachlesebestimmungen ziemlich weitherzig ausgelegt. Setzt
Lev 19 voraus, dass Arme die Feldränder abernten dürfen, so gebietet Dtn 24,
Vergessenes am Ende des Erntetages stehen zu lassen. Beide Vorschriften gehen aber davon aus, dass die Nachlese nicht gleichzeitig mit der eigentlichen
Ernte stattfindet; das würde zu unerfreulichen Konflikten führen, wem was
gehört. Ruth aber hat im Grunde darum gebeten, auf fremdem Feld ihre
eigene Ernte einbringen zu dürfen.[32] Durch das Stilmittel der indirekten Rede

---

[30] Vgl. Campbell, 93 f. unter Verweis auf 1Sam 30, 13 f.
[31] Die Präposition *b^e* bezeichnet in V. 2 und hier eine bestimmte Menge, aus der sich Ruth
etwas herausnimmt, nicht, dass sie sich aktiv am Erntevorgang beteiligt (so aber Rudolph, 46;
Gerleman 22; Zenger, 55).
[32] Vgl. auch Zenger, 55.

bleibt offen, ob Ruth tatsächlich um diese Art von Nachlese gebeten hat oder ob der Vorarbeiter ihr dies unterstellt. So oder so hat er nur eine vorläufige Erlaubnis gegeben, die Boas noch bestätigen muss. Mit der Ausweitung der Nachleseerlaubnis, wie der Vorarbeiter sie formuliert, ist nicht nur Boas' Gesetzestreue (und evtl. Familiensolidarität) gefordert, sondern auch seine Großzügigkeit.

Der Vorarbeiter schildert außerdem, dass Ruth seit ihrer Ankunft am Morgen auf den Beinen war, er zeichnet sie also als fleißig.[33] Nachdem sie schon stundenlang gearbeitet hat, ist Ruth jetzt – so erfährt das Publikum erst hier – nicht mehr hinter den Schnittern, sondern irgendwie abseits.

V. 7 ist der Formulierung nach schwer verständlich.[34] Schon das Verb wird unterschiedlich entweder als „sitzen" (*jāšab*) oder „ausruhen" (*šābaṯ*)[35] wiedergegeben. Im Hinblick auf das semantische Gegenstück *'āmad*, „stehen", ist „sitzen" der wahrscheinlichere Text. Das in MT folgende „Haus" muss trotz fehlender Präposition als „im Haus" aufgefasst werden. Da jedoch im ganzen Text von keinem Haus die Rede ist, ergibt der Text keinen glatten Sinn, es sei denn als Verweis auf eine Art Erntehütte wie Jes 1, 8[36]. Möglicherweise ist *habbajit* auch aus dem vorangehendem *šibtāh* verschrieben.[37] Die vorgeschlagene Übersetzung ist noch immer die beste Annäherung an den Text.

Dieser Schluss der Rede des Vorarbeiters lenkt den Blick des Boas nun auf Ruth, der er endgültig die Erlaubnis zur Nachlese geben muss.

2, 8–13 schildert das Gespräch, in dem Boas das erste (Vv. 8–9) und Ruth das letzte Wort hat (V. 13). Dieses Gespräch hat zwei Teile: In Vv. 8–9 erläutert Boas Ruth, wie sie ihre Nachlese durchführen soll; Vv. 10–13 haben – auf Initiative Ruths – das Wohlwollen Boas' zum Thema.

In *V. 8* beginnt Boas ohne Begrüßung oder andere weitere Umstände damit, Ruth mit den Bedingungen ihrer Nachlese vertraut zu machen. Er leitet seine Rede mit einem stark betonten „Hör gut zu" ein, wörtlich „Hast du nicht gehört". Die rhetorische Frage mit oder ohne Negation hat im Hebräischen stark aufmerksamkeitsleitende Funktion[38]. Boas eröffnet das Gespräch also mit der zu erwartenden Autorität des Feldbesitzers gegenüber der Bitt-

8

---

[33] Campbell, 95 f. fasst die etwas unklare Formulierung „und sie stand vom Morgen bis jetzt" dahingehend auf, dass Ruth nicht gearbeitet, sondern stehend auf die Ankunft des Boas gewartet hätte.

[34] Vgl zum folgenden auch die ausführlichen Diskussionen bei Campbell, 95 f.; M.S. Moore, Two Textual Anomalies in Ruth: CBQ 59 (1997), 234–243, hier 239 ff.

[35] So LXX, L; auch Gerleman 23; Rudolph, 47.

[36] Ältere Ausleger übersetzen „zu Hause", dann hätte Boas Ruth aber nicht wahrnehmen können (vgl. Rudolph, 46 f.). Reed (vgl. Campbell, 95) denkt an einen Abtritt; J.L. Berquist, Role Dedifferentiation in the Book of Ruth: JSOT 57 (1993), 23–37, hier 29 f. an das Haus des Boas, s. dazu Fischer, 169.

[37] Gerleman, 23; Rudolph, 23; Zenger, 50.

[38] Vgl. Zenger, 55; Campbell, 96.

stellerin. Die folgende Anrede „meine Tochter" bildet dazu jedoch einen eher
unerwarteten Kontrast. So hat bisher nur Naomi Ruth gegenüber ihre Rolle
als (Ersatz-)Mutter markiert. Allem Anschein nach tritt Boas damit an Naomis Seite und nimmt ohne weitere Umstände seine Familienrolle für die angeheiratete Verwandte ein.[39] Ob „meine Tochter" dabei andeutet, dass Boas
auch wirklich einer Art väterlicher Funktion für Ruth wahrnimmt, ist schwer
zu sagen. Außerhalb echter Vater-Tochter-Beziehungen ist diese Anrede im
AT sonst nicht belegt.

Nach dieser starken Einleitung erlaubt Boas Ruth die Nachlese auf seinem
Feld – und auf keinem anderen. Mit einer parallel gestalteten Doppelformulierung gebietet er Ruth, auf seinem Feld zu bleiben. Das heißt, er und nur er
übernimmt nun die Aufgabe, Ruth zu versorgen. Das unterstreicht einerseits
die Güte, die er Ruth gewährt,[40] andererseits bewahrt es sie vor der durchaus
demütigenden Aussicht, anderswo erneut um Erlaubnis bitten zu müssen.
Diese Großmut mag in modernen Ohren herablassend klingen[41], im atl. Kontext bewahrt es aber durchaus Ruths Würde.

In der Fortsetzung seiner Erlaubnis präzisiert Boas die Bedingungen der
Nachlese, die Ruth auf seinem Feld halten darf. Bislang war zu erfahren,
dass Ruth direkt hinter den Schnittern hergeht, um ihre Lese zu halten, also
in einer Gruppe von Männern. Boas weist sie jetzt an, dicht bei den jungen
Frauen zu bleiben, zu denen sie nach seiner Wahrnehmung selbst gehört. Er
wählt dafür dasselbe Wort wie schon 1, 14, *dābaq*, „hängen". Gemeint ist hier
der feste Gruppenverband, in den sich Ruth eingliedern soll, aber im Nach-
klang von 1, 14 soll Ruth damit auch eine neue feste Beziehung eingehen –
ohne ihre Schwiegermutter zu verlassen. Naomis Bezugsgruppe sind die
Frauen in der Stadt, Ruths Bezugsgruppe sind die jungen Frauen auf dem
Feld, wie es der idealtypischen Gesellschaft entspricht. Hinsichtlich der
sozialen Zuordnung werden von Boas also die Karten neu gemischt. Dabei
bleibt er selbst der Fluchtpunkt der Gruppe Ruths: Es sind „seine" jungen
Frauen, an die sich Ruth halten soll.

9   In V. 9 geht Boas noch einen Schritt weiter. „Gehen" (*hālak*) ist hier mit
Bedacht gewählt, weil es erneut Ruths Schwur aufnimmt. Boas verlangt jetzt
von Ruth, dorthin zu gehen, wo seine Arbeiterinnen gehen und nirgendwo
anders („Geh nicht!" V. 8). Erneut steht das Publikum vor der Frage, ob Ruth
ihren Schwur halten kann.

Boas' Aufforderung „Deine Augen auf das Feld" leitet einen zweiten Gedankengang ein. Sie ist als Forderung formuliert, die weder Nachfrage noch

---

[39] Zakovitch, 115; Frevel, 74; Zenger, 56. Anders Fischer, 172.
[40] Dass nur in diesem Vers *lāqaṭ* im Qal steht wie in Ex 16, 4. 18. 22, unterstreicht wahrscheinlich diesen Aspekt, vgl. Zakovitch, 115 f. E. Jenni, Das hebräische Pi'el, Zürich 1968, 188 f. unter-
scheidet die hier verwendete Qal-Form vom sonst verwendeten Pi'el als weniger arbeitsintensiven
Vorgang.
[41] Vgl. Fischer, 172.

Widerspruch zulässt,[42] und ihr Inhalt ist wörtlich zu nehmen. Ruth soll bei ihrer Arbeit nicht rechts noch links noch nach oben schauen. Vielmehr soll sie sich allein ihrer Tätigkeit widmen. Boas' Forderung ist in V. 9 a der Abschluss der Anweisung, bei den Frauen zu bleiben, wird 9 b dann aber noch weiter geführt. Boas hat seinen jungen Männern unmissverständlich befohlen (ṣāwāh), Ruth nicht anzurühren. Die Autorität wird in doppelter Richtung formuliert. In Richtung der jungen Männer drückt das Verb den Befehl aus, den sie nicht in Frage stellen können. Die erneute rhetorische Frage („Habe ich nicht ... befohlen") macht aber auch Ruth von vornherein deutlich, dass er klare Weisungen erteilt hat. „Anrühren" (nāgaʻ) bezeichnet die sexuelle Belästigung, die Boas ausdrücklich verbietet. Erneut zeigt sich der klare Blick des Ruthbuchs auf seine gesellschaftliche Realität. Das Zusammenarbeiten unverheirateter Leute auf dem Feld führt notwendigerweise zu Kontakten. Im Idealfall bietet die Arbeit Gelegenheit, Ehen anzubahnen. Die Schattenseite ist jedoch – wie an modernen Arbeitsplätzen auch – die sexuelle Belästigung von Frauen durch Männer, im Extremfall die Vergewaltigung. Boas will dies unterbinden. Wenn er Ruth mit gleicher Strenge anweist, ihre Augen auf dem Feld zu lassen, versichert er ihr damit einerseits, dass sie sich ohne Furcht ihrer Arbeit widmen kann.[43] Durch die Zuordnung zu einer Gruppe von Frauen und das Verbot an die Männer ist sie sogar doppelt geschützt. Andererseits verlangt Boas damit von Ruth, von sich aus keinen Kontakt mit den Männern aufzunehmen. Boas trägt damit vordergründig dem Geschlechterbild seiner Gesellschaft Rechnung, nach dem Frauen von sich möglichst wenig sexuelle Aktivität zeigen sollten. Für den Fortgang der Erzählung ist aber relevant, dass er damit einen Kontakt der jungen Frau Ruth mit einem der jungen Männer auf dem Feld fürs Erste unterbindet. Sollte also der Vorarbeiter für Ruth noch eine Rolle spielen, dann nicht, solange Boas noch dabei ist, der ihn mit allen anderen jungen Männern auf dem Feld für einen potentiellen Vergewaltiger hält.

Die beiden Männer – Boas und der Vorarbeiter – werden über das Stilmittel der indirekten Rede miteinander in Beziehung gesetzt. Der Vorarbeiter war derjenige, der Ruths Bitte vortrug, welche das Publikum nicht nachprüfen konnte. Er zwang damit Boas, seine Großzügigkeit unter Beweis zu stellen, war aber der erste, der Ruth ihre Erlaubnis überhaupt erst gab. Boas rückt mit seiner indirekten Rede, die das Publikum ebenfalls nicht miterlebt hat, die hierarchischen Verhältnisse wieder zurecht: Er ist der Herr des Feldes, der seinen Vorarbeiter damit in die Schranken weist.

Die bisher erteilte Erlaubnis, die Boas Ruth gibt, hat sie schon weitgehend in seine Arbeitskräfte integriert, dies rundet Boas nun mit der Einladung zum Trinken ab. Boas gibt Ruth nicht nur von seinem Brot, sondern auch von seinem Wasser und zwar gleichrangig mit allen anderen. Damit hat Boas von sich aus die Anerkennung Ruths als Angehörige seines Volkes im Grunde

---

[42] Vgl. Campbell, 97 f.
[43] Vgl. Zakovitch, 116.

schon vollzogen, als eine zwar, die unter die Armen zu zählen ist, aber die von den regulären Arbeitskräften kaum noch unterschieden werden kann.[44]

Daneben transportiert die Einladung zum Trinken aber auch weiterhin die sexuelle Spannung, die über der Szene liegt. Begegnungen am Brunnen sind die Gelegenheit, bei der die großen Paare der Heilsgeschichte einander kennen lernen: Isaak und Rebekka (Gen 24 – auf dem Umweg über die Brautwerbung durch den Knecht), Jakob und Rahel (Gen 29), Mose und Zippora (Ex 2). Die ganze bisher erstellte Szenerie weist am ehesten an die Mose-Zippora-Erzählung als Bezugspunkt. In Ex 2 ist das Trinken mit dem Schutz Zipporas vor den anderen Hirten verbunden. Zumindest von ferne hat Boas an dieser Stelle also Mose zum Vorbild.[45]

Am Ende von V. 9 hat Boas Ruth die Erlaubnis zur Nachlese gegeben, die sie sich gewünscht hatte und das in einer Vollständigkeit, die alles Erwartbare übersteigt. Der folgende Dialog *Vv. 10–13* lotet Boas' Beweggründe aus und führt zu einer neuen Beziehung der beiden. In diesem Dialog hat Ruth die führende Rolle inne. Sie eröffnet und schließt das Gespräch. In ihm geht es nicht mehr um die Nachlese, sondern um die Voraussetzung, die Ruth in V. 2 gemacht hatte, das „Gunst finden."

10   *V. 10* unterbricht die Schilderung des Dialogs, um narrativ darzustellen, was Ruth tut. Sie verneigt sich ehrfürchtig bis zum Boden, auch hier zeigt die Doppelformulierung wie in V. 8 die Bedeutung dieses Akts an. Die gesamte Geste signalisiert äußerste Demut. Das zweite Verb *ḥāwwah* ist der Terminus für den (Gebets-) Gestus, bei dem sich der Ausführende mit dem Gesicht nach unten auf den Boden kauert oder legt. Er kann die Huldigung vor dem König oder – häufiger – der Gottheit ausdrücken[46]. Auffallenderweise findet sich der Doppelausdruck wie hier fast nur bei der Huldigung gegenüber einem Menschen, der durchaus kein König sein muss (1Sam 20, 41; 25, 23; 2Sam 1, 2; 9, 6; 14, 4. 22; 2Kön 4, 37). Ruth anerkennt also in ihrer Handlung Boas' Autorität und höheren Rang. Drückt diese Haltung zusätzlich auch Dank für etwas aus, was einem Wunder gleichkommt[47], so kommen in Ruths Worten Dank und Demut nur verschleiert zum Ausdruck. Geschützt durch ihren Demutsgestus fragt Ruth unverblümt nach dem Grund für Boas' Wohlwollen.[48] Die Fragepartikel *maddû'a* hängt mit *jāda'* „wissen, erken-

---

[44] Vgl. Würthwein, 14; Zenger, 56.

[45] Anders Fischer, 174 u. a., die hier einen in den Geschlechterrollen umgekehrten Verweis auf Gen 24 sehen.

[46] Zu diesem Traditionskomplex vgl. jetzt F. Hartenstein, Das Angesicht JHWHs. Studien zu seinem höfisch-kultischen Bedeutungshintergrund in den Psalmen und in Exodus 32–34, Tübingen 2008 (FAT 55).

[47] 2Kön 4, 37, vgl. Zakovitch 117.

[48] Ein ähnlicher Kontrast findet sich in 1Sam 25, vgl. dazu M. Peetz, Abigajil, die Prophetin: Mit Klugheit und Schönheit für Gewaltverzicht. Eine exegetische Untersuchung zu 1Sam 25, Würzburg 2008 (Forschung zur Bibel 116).

nen" zusammen und zielt (Gen 26, 27) auf die Motive des Handelns.[49] Erst hier erschließt sich die volle Dimension des Wohlwollens, das Ruth sich gewünscht hatte.

Von allen Begriffen für Zuwendung, die das Hebräische kennt, ist *Ḥēn*, „Gunst", am meisten von der persönlichen Begegnung, Wahrnehmung und Sensibilität bestimmt. Auf der einen Seite bezeichnet *Ḥēn* die äußere Erscheinung, die Wohlwollen hervorruft: Anmut, Schönheit, Liebreiz. Jemand, der *Ḥēn* hat, besitzt Charme, Zauber, vgl. für Frauen besonders Prv 11, 16. 22. Dass andererseits jemand *Ḥēn* gewährt, setzt voraus, dass er die liebenswerten Eigenschaften seines Gegenübers wahrnimmt.[50] Die Formulierung „Gunst finden in jemandes Augen" macht dies im Wortsinne sichtbar: Man findet seine eigenen liebenswerten Eigenschaften im Spiegel der Augen des Gegenübers.[51] Dass die Bitte um Gunst häufig mit Demutsgesten verbunden ist und standardisiert im Gegenüber von Hohen und Niedrigen verwendet wird, entwertet diese sehr persönliche Art der Begegnung keineswegs, sondern betont nur den Gabecharakter der Gunst.

Das unerwartete Wohlwollen, das Boas ihr entgegenbringt, präzisiert Ruth noch: Er erweist ihr Achtung, obwohl sie Ausländerin ist. Die Bedeutung dieser Aussage wird hier zum dritten Mal (nach 1, 6. 21) durch Rhythmus und Klang unterstrichen: *lᵉhakkīrēnī wᵉ'ānokī nakkrijjah*. Es handelt sich um ein ironisches Wortspiel; das Verb *nākar* Hif., „bemerken, erkennen" steht neben *nakkrijah*, „Ausländerin"[52]. Der Ausländer und die Ausländerin sind traditionsgemäß diejenigen, die sich Israel tunlichst aus den Augen schaffen soll (Ex 12, 3; Neh 9, 2; 13, 30; Mal 2, 11). In deutlichem Gegensatz zu Ru 2 kann sich Jes 60, 10; 61, 5 den Ausländer nur als den vorstellen, der für Israel arbeitet, nicht mit ihm. Wenn Ruth Boas sagt, dass er sie „wahrgenommen" hätte, dann verwendet sie den Begriff für das genaue Hinsehen, das hinter der äußeren Erscheinung das wahre Wesen des Gegenübers zu erkennen vermag (Gen 27, 23; 42, 7 f.; Hi 2, 12).

Es ist in Ru 2, 10 ein raffiniertes Spiel mit dem Sehen und Gesehen-Werden, das in Ruths Worten und Taten zum Ausdruck kommt. Mit abgewandtem Gesicht fragt Ruth Boas, warum Boas sie wohlwollend ansieht, ja in ihre Seele blickt. Sie zwingt Boas damit, in Worte zu fassen, was er an ihr findet.

Boas' Antwort *Vv. 11–12* wird narrativ genau so eingeleitet wie die Antwort seines Vorarbeiters V. 6. Bevor Boas noch redet, wird dem Publikum so deutlich gemacht, dass hier eine wichtige Wahrnehmung Ruths formuliert werden wird. Wie der Vorarbeiter bezieht sich Boas dann auf etwas, was er gehört, nicht aber gesehen hat.

---

[49] Campbell, 98.
[50] Vgl. I. Willi-Plein, *Ḥēn*. Ein Übersetzungsproblem. Gedanken zu Sach 12, 10: VT 23 (1973), 90–99.
[51] Vgl. auch D.N. Freedman/J. Lundbom, ThWAT III (1982), 28.
[52] Ob eine oder zwei Wurzeln vorliegen, ist umstritten: B. Lang, ThWAT V (1986), 455 f.

11   In *V. 11* beginnt Boas' Antwort unerwartet feierlich mit der Figura etymologica „Verkündet, ja verkündet wurde mir", die so nur noch Jos 9, 24
erscheint. Wie Naomi in 1, 6 agiert Boas damit auf ein Hörensagen hin. Ir-
gendjemand hat Boas berichtet, was Ruth getan hat, und es war ausreichend
für ihn, Vertrauen in sie zu setzen. Folgt man der Logik des Erzählablaufs,
extrapoliert Boas seine Kenntnis über Ruth aus dem, was ihm sein Vorarbeiter berichtet hat. In der Tat bezieht er sich auch nur darauf, dass Ruth
bei Naomi geblieben ist („nach dem Tod deines Mannes"). Anders als der
Vorarbeiter bezieht sich Boas aber auf den Vorgang von Kap. 1 zurück. Dieser Rückbezug ist erzählstrategisch motiviert.[53] Dass die Moabiterin Ruth
mit Naomi nach Juda gekommen ist, gibt Boas im Licht einer schöpfungs-
theologisch akzentuierten Abraham-Tradition wieder.[54] „Da hast deinen
Vater und deine Mutter und das Land deiner Abstammung verlassen" kombiniert Gen 2, 24 und 12, 1. Gleichzeitig ist es ein Echo von 1, 16, wo Ruth
sich weigerte, um eines hypothetischen Ehemanns willen Naomi, ihre (Er-
satz-) Mutter, zu verlassen. Wie Ruth in ihrem Schwur sagt Boas damit, dass
das Verlassen von Vater und Mutter in andere – aber ebenso gottgewollte –
Beziehungen führen kann als in eine Ehe. Dazu dient die Parallele Ruths mit
Abraham. Indem Boas in dem einen Stichwort „Land deiner Abstammung"
(*mōlædæt*) den programmatischen Auftakt der Abrahamserzählung zitiert,
wird die Geschichte Ruths auf deren gesamten Horizont hin transparent:
Heimat, Segen, Nachkommenschaft.[55] Dennoch ist Ruth nicht vollständig
mit Abraham zu vergleichen, wie Boas ausdrücklich vermerkt. Abraham ging
auf Gottes Befehl und mit der Verheißung seines Segens, Ruth aber auf eigenen Entschluss.

12   Das schließt aber Gottes Beistand nicht aus, wie Boas in *V. 12* ausführt. Er
wünscht Ruth, JHWH möge ihr Tun „vollenden" (*šalam*). Die Formulierung
ohne Objekt deutet an, dass die Dimension von Ruths Tun über ihre eigene
Person hinausgeht.[56] Erst nach dieser allgemeinen Anrufung JHWHs spitzt
Boas den Wunsch auf Ruth zu. Er wünscht ihr „vollständigen Lohn" Der
Begriff *maśkoræt* wird nur noch Gen 29, 15; 31, 7. 41 verwendet. Mit diesem
Verweis auf die Geschichte Jakobs und Labans deutet Boas an, dass Ruths
Lohn nicht nur in Besitz und Brot bestehen möge, sondern auch in einem
Ehepartner. Außerdem wird Ruth nicht – wie Jakob von Laban – um ihren
Lohn betrogen werden, denn der sie entlohnen wird, ist JHWH selbst, der

---

[53] Vgl. Zenger, 56. Den Sachverhalt, dass Boas mehr weiß als er wissen könnte, fasst Fischer,
175 f. als Hinweis darauf auf, dass Boas sich bisher nicht um Ruth und Naomi gekümmert hat, obwohl er um ihre Bedürftigkeit weiß.

[54] Vgl. auch K. Butting, Buchstaben, 40 f.

[55] Fischer, 176 f. verknüpft Ru 2, 11 über das Stichwort *mōlædæt* außerdem mit Gen 24
(vgl. auch M. Bal, Heroism and Proper Names, or the Fruits of Analogy, in: A. Brenner [Hg.],
A Feminist Companion to Ruth, Sheffield 1993 [FCB I/3], 48; P. Trible, Gott und Sexualität im
Alten Testament, Gütersloh 1993, 198 ff.). Zwar verlässt Rebekka ihre Herkunftsfamilie, *mōlædæt*
wird aber ausschließlich im Zusammenhang mit Abraham verwendet.

[56] Campbell, 99.

Gott Israels. Das ist ein Echo von 1, 6. 17: Naomis (jetzt auch Ruths) Gott ist
der, der seinem Volk Brot gibt.[57] So ist die Konsequenz aus den guten Wünschen eine ausdrückliche Anerkennung dessen, wohin Ruth wirklich gekommen ist: zu JHWH, dem Gott Israels.

Die Formulierung „Flügel JHWHs" hat ihre nächste Parallele in Ps 91, 4 (nur dort mit
„unter"), begegnet aber auch Ps 36, 8; 57, 2; 61, 5; Dtn 32, 11. Gemeinsam mit ḥāsāh,
„sich bergen" ist damit der barmherzige und schützende Gott evoziert, der sich
Dtn 32, 11 im Bild des Adlers ausdrückt. Ikonographisch und religionsgeschichtlich
sind die „Flügel" Gottes jedoch überwiegend mit der Sonnensymbolik verbunden. Im
ganzen Alten Orient ist die Darstellung der Gottheit in oder mit der Flügelsonne ver-
breitet und auch noch zu persischer Zeit eine populäre Darstellungsform. Sie ist eng
mit der Königtheologie verbunden, wenn auch zeitlich und kulturspezifisch variabel.[58]
Die Metapher von den Flügeln JHWHs versinnbildlicht daher nicht nur Gottes
Schutz, sondern auch und zuerst seine (königliche) Herrschaft, zu der der Schutz der
Schwachen gehört. Die Prädikation nimmt damit den Programmcharakter des Namens Elimelech auf.

So stellt Boas Ruths Weg nach Juda geradezu als eine Wallfahrt zu JHWH
dar, der daraufhin gar nicht anders können wird, sie als eine der Seinen anzuerkennen, obwohl sie eine Ausländerin ist (vgl. auch Jes 56). Entscheidend
ist, dass Ruths Entschluss in seiner vollen Tragweite erstmals von Boas anerkannt wird.

Ruths Antwort *V. 13* macht deutlich, dass Boas ihr gesagt hat, was sie   13
hören wollte. Auf seinen Wunsch reagiert sie ihrerseits mit einem Wunsch:
„Möge ich (weiterhin) Gunst finden in deinen Augen". Das deutet an, dass
Ruth ihr Ziel erreicht hat, holt aber gleichzeitig den theologisch-heils-
geschichtlichen Aspekt der Rede Boas' wieder ins Hier und Jetzt zurück.
Bei aller Perspektive auf einen Lohn durch JHWH ist und bleibt Ruth auf
das Wohlwollen von Menschen angewiesen. Ruth betont dies, indem sie
Boas' unbezweifelbares Wohlwollen mit seiner Rolle als Herr verknüpft.
Doch erneut (1, 8) sind göttliches und menschliches Handeln aufeinander
transparent.

In einem im Ruthbuch seltenen Einblick in Emotionen bekennt Ruth
zudem, Boas habe sie „getröstet", indem er ihr „zu Herzen geredet" habe.
Die Kombination von „Trösten" (*nāḥam*) und „zu Herzen reden" hat auch
hier wieder eine tiefere Dimension: Sie verweist auf Jes 40, 1–3 und lässt das
Publikum ahnen, dass Ruth einen Neuanfang bekommen hat.

Lässt gerade diese Formulierung erkennen, dass Boas Ruth wirklich nahe
gekommen ist, so bleibt die Beziehung der beiden doch weiterhin durch das

---

[57] Insofern gibt es keinen Grund, mit Zenger, 28 „der Gott Israels" für einen redaktionellen
Zusatz zu halten.
[58] Vgl. ausführlich T. Podella, Das Lichtkleid JHWHs. Untersuchungen zur Gestalthaftigkeit
Gottes im Alten Testament und seiner altorientalischen Umwelt, Tübingen 1996 (FAT 15); F. Hartenstein, Angesicht, 295–362.

Verhältnis von Oben und Unten bestimmt. Der Anrede „mein Herr" entspricht Ruths Selbstbezeichnung „Deine Magd", die sie jedoch gleich darauf in Frage stellt. In der Mehrzahl der Belege ist *šipḥāh* die weibliche Variante zu *'æbæd*, „Knecht, Diener", also eine Frau die nicht freiwillig ihren Dienst tut,[59] möglicherweise sogar auf der untersten sozialen Stufe.[60] Analog zur demütigen Selbstbezeichnung „Dein Knecht" findet sich auch „Deine Magd" gegenüber Höhergestellten (1Sam 25; 28), dabei entspricht Ru 2, 13 fast wörtlich 1Sam 1, 16. Mit ihrem Schlusssatz macht Ruth aber eindeutig, dass sie einfach als sozial Untergeordnete gesehen werden will: Eine *šipḥāh* kann von ihrer Herrschaft – männlich wie weiblich – für sexuelle Dienstleistungen „genutzt" werden, als offizielle oder inoffizielle Konkubine. Eine solche (Gen 16; 29; 30; Lev 19, 20) ist sie nicht, wie Ruth in ihrer Demutshaltung mit unerwartetem Selbstbewusstsein erklärt.

Die griechische Fassung von Ru 2, 13 nimmt hier einen anderen Weg. Ruth sagt abschließend „Und ich bin eins von deinen Mädchen". Der hier verwendete Begriff *paidiské* konnotiert weit häufiger Sklaverei als das hebr. *šipḥāh* (es tritt Ex 20, 10. 17; 21, 20. 32; 23, 12; Lev 25, 6. 44; Dtn 12, 12 u. ö. für das hebr. *'āmāh* ein). Im außerbiblischen Griechisch und bei Josephus bezeichnet *paidiské* aber die heiratsfähige freie Frau.[61] Ruth weist also in der griechischen Fassung des Textes von sich aus darauf hin, dass sie als Ehefrau für Boas in Betracht kommt. Ru 2, 13LXX hat damit die Funktion einer Prolepse von Kap. 3 und 4.[62]

Am Ende ihres Gesprächs hält Ruth also fest, dass sie bei Boas die Gunst gefunden hat, die sie gesucht hat. Sie legt an ihn aber dieselben Maßstäbe an, die er für seine Arbeiter setzt: Auch Boas soll ihre sexuelle Integrität achten und sie nicht als mögliche Konkubine betrachten – eine Rolle, für die sie ihre ausländische Herkunft durchaus prädestiniert. Boas muss seinen großen Worten also auch weiterhin Taten folgen lassen.

14 In *V. 14* lädt Boas Ruth zu dieser gemeinsamen Mahlzeit ein, fordert sie auf, sich zu den anderen zu gesellen und von ihrem Essen zu nehmen. Er bietet ihr Brot an und außerdem eine Erfrischung. *Ḥomæṣ*, das „Säuerliche" (meist als „Essig" übersetzt) ist eine säuerliche, eventuell leicht alkoholische Flüssigkeit, die beim Gären von Getreide oder Trauben entsteht, dem Kwas oder Most vergleichbar.[63] Die Mahlzeit enthält somit auch eine Art Leckerei.

---

[59] Gen 12, 16; 20, 14; 24, 35; 32, 6; Ex 11, 6; 1Sam 8, 16 u. ö.

[60] Fischer, 180.

[61] Vgl. J.G. Gibbs/L.H. Feldman, Josephus' Vocabulary for Slavery: JQR 76 (1986), 281–310, hier 295 f.

[62] E. Bons, Le vocabulaire de la servitude dans la Septante du Livre de Ruth: JStJ 33 (2002), 153–163, hier 159 f.

[63] Nach der Peschitta handelt es sich um Sauermilch, vgl. Zakovitch, 120.

Boas geht über die Einladung hinaus und bedient Ruth sogar persönlich.[64] Das Röstkorn ist ein typisches Nahrungsmittel bei der Ernte und auf dem Marsch.[65] Über
Feuer geröstete Getreidekörner lassen sich schnell zubereiten, gut aufbewahren und
transportieren und problemlos aus der Hand essen. Wie ähnlich zubereitete Kürbis-
kerne oder Hülsenfrüchte können sie auch als eine Art „Snack" gegessen werden.

Das Röstkorn (qālī) schließt die Essenszene an Boas Einladung zum Trinken
aus den Gefäßen (kēlīm) an, markiert aber auch ein fortgeschrittenes Erzähl-
stadium. Jetzt erhält Ruth ihr Brot direkt aus der Hand des Boas.
    Die kleine Szene zeigt, wie weit Ruths Integration schon fortgeschritten
ist, wenn der Herr, die Arbeitskräfte und die ausländische Nachleserin gemeinsam Seite an Seite essen.[66] Die zwei Verse zeichnen nach der inhaltlichen
Schwere alles Vorangegangenen ein entspanntes, fast idyllisches Bild.
    Ruth nimmt die Einladung wortlos an. Die eigentümliche Schönheit, die
über dieser Szene liegt, wird dadurch noch verstärkt, dass Ruth nicht nur
isst, sondern satt wird und sogar noch etwas übrig behält – in einer Geschichte, die prononciert mit dem Hunger begann. Ruth erhält hier ihren
Anteil an dem Brot, das JHWH gab, zusammen mit den Seinen.
    V. 15 a schließt die kleine Teilszene ab, indem Ruth sich aus dem Kreis der   15 a
Arbeiterinnen und Arbeiter wieder entfernt, um weiter zu lesen. Damit ist
das Hauptleitwort des Kapitels wieder aufgegriffen.

Vv. 15 b–16 zeigen Boas im abschließenden Gespräch mit seinen Arbeitern,   15 b–16
während Ruth schon wieder auf dem Feld ist. Boas wendet sich an seine
jungen Männer, wie in V. 9 in der Form des Befehls (ṣāwah). Er setzt also
um, was er Ruth vorher angekündigt hatte, und tatsächlich befiehlt er den
Männern, Ruth in Ruhe zu lassen. Die beiden Verben sind präzise. Kālam
bezeichnet die tätliche Demütigung, die die Scham des oder der Angegrif-
fenen verletzt (Num 12, 14; 2Sam 10, 5), gāʾar ist im Sinne der Drohung
und wüsten – auch lautstarken – Beschimpfung zu verstehen (Ps 18, 16;
Jes 66, 15). Die Variation dessen, was Boas angekündigt hatte (V. 9) ist als
Verstärkung eingesetzt: Boas untersagt nicht nur die (sexuelle) Belästigung,
sondern verbietet seinen Arbeitern alles, was Ruths Würde verletzen könnte.
Boas ist damit die erste Figur im Ruthbuch, die ein gegebenes Versprechen
auch hält.
    Boas verbindet sein Verbot der Belästigung Ruths mit der Anweisung,
ihren Ertrag noch zu vergrößern. Der erste Befehl knüpft an Ruths (angeb-
liche) Bitte von V. 7 an und stellt ausdrücklich fest, dass Ruth jetzt zwischen
den Garben lesen darf.[67] Noch während gearbeitet wird, kann Ruth also ihre
eigene Ernte zusammentragen. In seiner zweiten Anweisung befiehlt Boas,

---

[64] Śābat ist ein Hapaxlegomenon mit der vermuteten Bedeutung „aufhäufen": Campbell, 102 f.
Offenbar soll nātan, „geben", vermieden werden, das bis dahin für JHWH reserviert ist.
[65] Zakovitch, 121.
[66] Vgl. Fischer, 186 f.
[67] Zenger, 58.

dass die Arbeiter aus dem Bündel, das sie zum Schnitt zusammenfassen, einzelne Halme herausziehen und für Ruth liegen lassen. Die Großzügigkeit des
Boas geht damit einher, dass die Arbeit für die jungen Männer komplizierter
wird. Auch abseits sexueller Belästigung wäre es daher verständlich, wenn
die Arbeiter darüber ihren Unmut an Ruth auslassen würden.[68]

Im Ganzen ist Boas' Erlaubnis an Ruth darauf angelegt, die Nachlesevor-
schriften von Lev 19 und Dtn 24 noch zu überbieten, hier klingen die Garben
und das Zurücklassen denn auch deutlich an Dtn 24 an.[69] Das letztere parallelisiert Boas mit Ruth. Ruth hat ihre Eltern und ihre Heimat verlassen
(*'āsap*), Boas verlässt (*'āsap*) einen Teil seiner Ernte.

17   *V. 17* schließt die Feldszene mit der Schilderung von Ruths Ertrag ab. Nach
dem Auflesen klopft sie die Körner aus den Ähren[70]. Das Ergebnis wird präzise angegeben mit (ungefähr) einem Epha: 34, 4 Liter, d. h. 21 kg.[71] Das entspricht etwa 10 % des Jahresbedarfs. Eine Nachlese unter den Bedingungen
von Lev 19; Dtn 24 würde wohl wesentlich geringer ausfallen, aber als Tages-
ertrag eines regulären Erntetages ist die Menge in etwa realistisch.[72] Damit
weist die Lese Ruths tatsächlich in das Manna-Kapitel Ex 16: Ruth bekommt,
soviel sie braucht.

18   *V. 18* bildet mit Ruths Rückkehr zur Stadt den Übergang zur nächsten
Szene.

Die Szene auf dem Feld *2, 3–18 a* schließt direkt an Ruths Ankündigung von
V. 2 an. Damit steht die Szene unter der Überschrift der Gunst, die Ruth
sucht. Ruths Wunsch wird erfüllt.

Ruth und Boas werden in dieser Szene schrittweise zusammengeführt. Die
Nachlese bildet den dramaturgischen Anker dieser Szene und zwar in ihrer
gegenseitigen Verschränkung als Privileg der Armen und sozialethischer Verpflichtung derer, die über Besitz verfügen. Es ist dies jedoch eine Regelung,
die allein in und für Israel gilt. Ruth die Nachlese zu gestatten, impliziert
also die Anerkennung Ruths als – wenn auch arme – Angehörige des Volkes
JHWHs.

Überraschenderweise ist nicht Boas der erste, der Ruth diese Anerkennung gewährt, sondern sein Vorarbeiter, der in voller Kenntnis ihrer Herkunft Ruth auf dem Feld seines Herrn arbeiten lässt und dies auch noch in
großzügiger Auslegung der Nachlesebestimmungen. Trotzdem gelingt es
dem Text, das unerwartete Entgegenkommen des Vorarbeiters in Boas noch

---

[68] Zakovitch, 123.
[69] Braulik, Deuteronomium, 118 f.
[70] Wahrscheinlich mit einem Holzstock, der zum Dreschen kleinerer Mengen verwenden wird:
Zakovitch, 12.
[71] Rudolph, 47.
[72] Eine Ähre trägt maximal 10 g Körner; der Ertrag setzt dann voraus, dass Ruth mehr als
200 Ähren aufgesammelt hätte.

zu überbieten. Er ist es, der für Ruth die Worte findet, die sie verdient und braucht. Seine Würdigung Ruths als Nachfolgerin Abrahams (Vv. 11–12) braucht von ihrer inhaltlichen Kraft her keinen Vergleich mit Ruths Schwur 1, 16–17 zu scheuen. Keine andere Frau des AT findet eine solche Würdigung durch einen Mann. Umgekehrt ist kein atl. Mann einer derart sensiblen Wahrnehmung einer Frau fähig wie Boas. Dabei ist weniger seine extreme Großzügigkeit und Anerkennung Ruths das Auffallende, sondern die Art, wie er ihre sexuelle Integrität achtet und sei es auf die Gefahr hin, seine Autorität bei seinen Arbeitern in Frage zu stellen.

Das Thema der (sexuellen) Belästigung von Frauen, zumal sozial benachteiligter, prägt das ganze Beziehungsgeflecht der Szene und zeigt erneut, dass der Text seine Welt sehr genau kennt. Dass Frauen vor den Übergriffen von Männern geschützt werden müssen, schärfen normative Texte des AT mit der gleichen Eindringlichkeit ein wie den Schutz der Armen überhaupt (vgl. etwa Ex 21, 4–6; Lev 18, 6–18; 20, 19–21; Dtn 21, 10–14; 22, 13–29). Dem Druck von innen, also der innerisraelitischen Einschränkung sexueller Ausbeutung von Frauen, korrespondiert ein Druck von außen. Krieg, Besatzung und wirtschaftliche Not Juda-Israels in exilischer und nachexilischer Zeit gefährdeten Frauen ständig.[73] Dass Boas sich neben den Nachlesebestimmungen auch die Vorschriften zum Schutz von Frauen zu eigen macht und Ruths körperliche Integrität ebenso achtet wie ihre materielle Bedürftigkeit, darin liegt das sozialrevolutionäre Potential dieser Szene.

Boas ist ohne Zweifel die Hauptfigur dieser Szene. In seiner Hand laufen die Fäden der Anerkennung und Würdigung Ruths zusammen, die den Fortgang der Geschichte garantieren. Im Zentrum aber – und im Blickfeld aller Beteiligten – steht Ruth. Keiner lässt sie je aus den Augen, und so ist es auch konsequent, dass der zentrale Dialog Vv. 10–13 sich darum dreht, was Boas in Ruth sieht. Dass Ruth diesen Dialog in abgewandter Haltung vollzieht und Boas darin auf Hörensagen rekurriert, macht Ruth als Brennpunkt des Geschehens nur raffinierter dargestellt.

Ruths demütige Haltung und ihre demütigen Worte sollten nicht darüber hinweg täuschen, dass sie in letzter Konsequenz Rollenmodelle geradezu auf den Kopf stellt. In seltener Unverblümtheit zwingt sie Boas dazu, den Grund für sein Wohlwollen in Worte zu fassen (V. 10) und erinnert Boas am Ende ihres Austauschs daran, dass hinsichtlich ihrer sexuellen Integrität für ihn dieselben Maßstäbe gelten wie für seine Arbeiter.

JHWH handelt auch in diesem Kapitel nicht selbst, sondern ist wie vorher nur im Reden präsent. Eine dunkle Seite JHWHs wird hier nicht verhandelt. Das stellt die Frage, wie die Ereignisse auf dem Feld auf Naomi wirken.

---

[73] Eine Skizze dieses Zusammenhangs bei M. Köhlmoos, Töchter, 213–228.

Ruth 2, 18 b–23: Ruth und Naomi

18. Und da sah[74] ihre Schwiegermutter, was sie gelesen hatte. Und sie zog heraus und gab ihr, was sie von ihrer Sättigung übrig behalten hatte. **19.** Und ihre Schwiegermutter sprach zu ihr: „Wo hast du heute gelesen und wo hast du gearbeitet? Es sei der gesegnet, der dich mit Achtung behandelt hat!" Da verkündete sie ihrer Schwiegermutter, bei wem sie gearbeitet hatte und sprach: „Der Name dessen, bei dem ich gearbeitet habe, ist Boas." **20.** Da sprach Naomi zu ihrer Schwiegertochter: „Gesegnet sei er von JHWH, der nicht verlassen hat seine Liebe zu den Lebenden und den Toten!" Und Naomi sprach zu ihr: „Nahe ist uns der Mann, einer von unseren Lösern ist er!"
21. Da sprach Ruth, die Moabiterin: „Auch hat er so gesprochen zu mir: ‚An die jungen Männer, die zu mir gehören, sollst du dich hängen, bis sie die Ernte vollendet haben, die mir gehört'."**22.** Und Naomi sprach zu Ruth, ihrer Schwiegertochter: „Es ist besser, wenn du ausziehst mit seinen jungen Frauen. Man wird dich dann nicht zwingen auf einem anderen Feld."
23. Und so hängte sie sich an die jungen Frauen des Boas bis zum Ende der Gersten- und der Weizenernte. Dann blieb sie bei ihrer Schwiegermutter.

In *2, 18 b–23* schließt mit der Perspektive auf den Fortgang der Ernte bis zu ihrem Ende das Kapitel ab.

Die kurze Szene spielt in der Stadt, lediglich V. 23 führt Ruth eher perspektivisch als wirklich handelnd kurzfristig aufs Feld zurück. Sie beginnt am Abend des Erntetages und endet mit dem Ende der Weizenernte im Juni/Juli.

Den Hauptteil der Szene bildet der Dialog zwischen Naomi und Ruth am Abend der Ernte. Es ist der bislang längste Austausch der beiden Frauen mit fünffacher Rede und Gegenrede. In ihm sind zwei Hauptabschnitte erkennbar: Vv. 19–20 mit Naomi als der, die das Gespräch führt, und Vv. 21–22 mit Ruth in führender Rolle. Durch vielfältige Stichwortanklänge führt 2, 18 b–23 die thematischen Bögen von Kap. 2 zu Ende: „lesen" (Vv. 18. 19), „Sättigung" (V. 18), „segnen" (Vv. 19. 20), „Schwiegermutter" (Vv. 18. 19), „junge Männer/Frauen" (Vv. 21. 22. 23) und „hängen" (Vv. 21. 22).

18   *V. 18* bildet die narrative Einleitung und setzt die Erzählkette von V. 17 bruchlos fort. Ruth kommt vom Feld her wieder bei Naomi an.

In V. 18 wird sehr schnell erzählt: Ruth kommt, Naomi sieht, Ruth gibt ihr die Reste. In diesem Satz verschwimmt sogar die exakte Kennzeichnung der Subjekte[75].

Gleichwohl wird hier ein erster Spannungsbogen zu Ende gebracht. Indem Ruth ihrer Schwiegermutter von dem gibt, womit sie sich gesättigt hatte,

---

[74] LXX, T, P, V liegt anscheinend eine andere Vokalisation vor: *wattar'*, „und sie zeigte".
[75] Campbell, 104 f.

profitiert auch Naomi von den Ereignissen auf dem Feld und wird – vermittelt durch Ruth – jetzt selbst zum ersten Mal selber satt. Naomi wird dabei prononciert als „Schwiegermutter" bezeichnet. Der Begriff erschien zuletzt in V. 11; so wird deutlich, dass das, was Ruth Naomi getan hat, sich jetzt bruchlos fortsetzt. Das hat eine zusätzliche theologische Dimension, weil in V. 18 zum ersten Mal geben (*nātan*) mit menschlichem Subjekt erscheint. Ruths Gabe entspricht damit der Gabe JHWHs (1, 6).[76]

In *V. 19* reagiert Naomi auf die Lese, die sie gesehen hat. Die parallel formulierte Doppelfrage lässt sie geradezu aufgeregt erscheinen. Daran schließt sich der Segenswunsch an, der Vv. 4. 10 aufgreift. Erneut erscheint Boas als Gesegneter und zwar, weil er Ruth mit der ihr gebührenden Achtung behandelt hat.   **19**

Mit Ruths Antwort verlangsamt sich das Erzähltempo auffällig. Die Abfolge von Redeeinleitung und Redeinhalt ist fast redundant, was Aufmerksamkeit und Spannung erhöht[77]. Es wiederholt sich die Dramaturgie von Vv. 10. 11: Auf die Achtung folgt die Verkündigung, und wie schon im Gespräch zwischen Boas und Ruth offenbart die Verkündigung (*nāgad*) die Wahrheit über den Menschen. Dabei findet ein wechselseitiger und schrittweiser Erkenntnisprozess statt: Naomi erfährt durch Ruth von Boas und umgekehrt.

In *V. 20* folgt der volle Segen des Boas durch Naomi. Diesmal soll er explizit von JHWH gesegnet sein. Naomi spricht hier erstmals seit 1, 21 den Namen Gottes aus. Sie traut dabei demselben JHWH, der sie demütigte, zu, dass er Boas segnet. Dies ist einer der Wendepunkte des Ruthbuches. Boas, der Ruths wahres Gesicht erkannte, lässt Naomi JHWH wiedergewinnen als den, der „seine Liebe zu den Lebenden und Toten nicht verlässt". Von nun an wird Naomi die dunkle Seite Gottes nicht mehr zur Sprache bringen (müssen).   **20**

Welche Bedeutung Boas noch weiterhin hat oder haben kann, macht Naomi in ihrem nächsten Satz deutlich. Er ist durch eine erneute – und eigentlich unnötige – Redeeinleitung stark markiert, in der durch ihre Kennzeichnung als Naomi (zuletzt in 2, 1) wieder ihre Verwandtschaft mit Boas in den Vordergrund tritt. Sie bezeichnet Boas ihrerseits als einen von den „Lösern" und bezieht Ruth in dieses Verhältnis mit ein, indem sie zum allerersten Mal „Wir" sagt.

Mit dem neuen Thema des „Lösens" (*gā'al*)[78] wird ein weiterer Erwartungsrahmen gespannt, denn hier wird eine sozialrechtliche Institution ins Spiel gebracht, die auf die gegebene Konstellation eigentlich nicht anwendbar ist.

---

[76] Fischer, 188.
[77] Campbell, 106.
[78] Einen forschungsgeschichtlichen Überblick zur sozialrechtlichen Institution der Lösung gibt Fischer, 53–56 (Lit.).

Bei der „Lösung" ist ein Verwandter verpflichtet, durch Vorkauf oder Kauf den (Land-) Besitz verarmter Familienangehöriger in der Familie zu halten und Schuldsklaverei zu verhindern (Lev 25, 23–34. 47–55). Außerdem kann auch ein Bluträcher als „Löser" bezeichnet werden (Num 35, 12. 19–27; Dtn 19, 6,12; Jos 20, 2. 5. 9). Der letztere Fall ist für Naomi und Ruth natürlich nicht relevant, es wird aber deutlich, dass *gā'al* in sozialrechtlicher Perspektive die Rettung aus konkreter Todesgefahr oder nachträgliche Wiederherstellung der Ehre eines Toten zum Ziel hat. Damit ist das Bindeglied zum theologischen Gehalt von *gā'al* im Sinne der Erlösung geschaffen. In dieser Doppelbedeutung wird *gā'al* im Ruthbuch konsequent gehalten. An dieser Stelle ergibt sich zunächst die Frage des Publikums, wie Ruth und Naomi, die weder Land haben noch sich in Schuldknechtschaft befinden, von der Funktion des Boas als Löser profitieren könnten.

Erneut wird ohne Wissen des Boas also eine Situation herbeigeführt, in der er eine sozialrechtliche Regelung großzügig und der Lage angemessen umsetzen muss.

21   Ruths Antwort *V. 21* geht auf diese veränderte Thematik ein. Sie spricht als Moabiterin, was darauf zurück verweist, dass Boas sie schon einmal in das israelitische Rechts- und Sozialsystem integriert hat. Ihre Rede ist dann jedoch einigermaßen erstaunlich. Zum vierten Mal in diesem Kapitel (nach Vv. 7. 9. 11) wird hier eine Rede zitiert, die außerhalb dessen liegt, was das Publikum weiß. Ruth behauptet zweierlei: Erstens, dass Boas ihr die Nachleseerlaubnis für die Dauer der gesamten Ernte gegeben hat, zweitens, dass er ihr geboten hätte, dass sie sich währenddessen an seine jungen Männer hängen (*dābaq*) sollte. Traut man Boas nach seiner bisherigen Großzügigkeit zu, dass er die erste Erlaubnis bereits gegeben hat oder noch geben wird, steht die zweite in offenem Widerspruch zu seinen Anweisungen (V. 8).[79] Hier wird noch einmal deutlich, dass Ruth eine junge Frau ist, die noch einen jungen Mann finden könnte oder sogar will.

22   Naomi korrigiert diese Absicht (ohne Wissen um Boas' Anweisungen) in *V. 22*. Sie tritt wieder in die Mutterrolle ein („meine Tochter") und verweist Ruth in die Gesellschaft der jungen Frauen zurück, damit es nicht zu einer Belästigung Ruths kommt. Naomi wiederholt also, was auch Boas in Vv. 8–9 gesagt hat, allerdings mit einer kleinen Variante. Boas wollte verhindern, dass Ruth berührt wird (*nāga'*). Naomi dagegen will verhindern, dass man Ruth „zwingt" (*pāga'*). Ruth hatte sich in ihrer ersten Rede 1, 16 gegen Naomis Zwang gewehrt. Nun ist es an Naomi, weiteren Zwang zu verhindern.

23   *V. 23* berichtet abschließend, dass Ruth gehorcht und sich an Boas junge Frauen hängt; insofern haben Naomi und Boas „gewonnen". Ruth bleibt aber gemäß ihrer Ankündigung für die Dauer der gesamten Ernte in dieser Gesellschaft. Damit hat sie sich durchgesetzt und Boas diese Erlaubnis vorwegnehmend abgerungen. Mit der Gemeinschaft von Schwiegermutter und Schwiegertochter schließt die Szene das Kapitel ab.

---

[79] Vgl. dazu Zakovitch, 129 f.

Ähnlich wie schon der Abschluss des ersten Kapitels ist auch die Schlussszene des zweiten Kapitels kurz, aber kompakt. In gewisser Weise ist
2, 18 b–23 das Gegengewicht zu 1, 19 b–22. Naomi gewinnt ihr Vertrauen in
JHWH wieder und kommt dazu, Ruth als Teil ihrer Familie anzuerkennen.
Damit ist die weitere Initiative wieder bei ihr.

Ruth 3, 1–6: Naomi und Ruth

1. Und dann sprach Naomi, ihre Schwiegermutter, zu ihr: „Meine Tochter! Wollte ich Dir nicht einen Heimatort suchen, damit es dir gut geht? **2.** Jetzt aber – Boas, mit dessen jungen Frauen du zusammengewesen bist, ist doch unser Verwandter![1] Siehe: er worfelt heute Nacht auf der Gerstentenne.[2] **3.** Nun wasch dich und salbe dich und zieh dein Gewand an[3] und geh hinunter[4] zur Tenne! Lass dich nicht erkennen von dem Mann, bis er fertig ist mit Essen und Trinken.[5] **4.** Und dann[6], wenn er sich hinlegt, merke dir die Stelle, an der er sich hinlegt.[7] Dann komm dazu, decke sein Fußende auf und leg dich hin. Er aber: Er wird dir verkünden, was du tun sollst!"
5. Und sie sprach zu ihr: „Alles, was du sagst,[8] werde ich tun. **6.** Und sie ging hinunter zur Tenne und tat genau das, was ihre Schwiegermutter ihr befohlen hatte.

3, 1–6 ist ohne narrative Einleitung gestaltet, entspricht darin der Eröffnung von Kap. 2[9] und wird ganz von Naomis detaillierter Anweisung (Vv. 1–4) beherrscht. Gegenüber dieser ist Ruths Antwort (V. 5) mit der nachfolgenden Umsetzung (V. 6) äußerst kurz, spiegelt aber die Detailliertheit der Worte Naomis. Diese auffallende Präzision der Anweisung und ihrer Durchführung wird konterkariert durch einige bewusste Mehrdeutigkeiten und Leerstellen.

Den Rahmen dieser Szene gibt Naomis Kennzeichnung als „ihre Schwiegermutter" (Vv. 1. 6). Das setzt die Rollenstruktur von 2, 22–23 fort, in der Naomi bereits in dieser Rolle agierte. Seit dem Ende von Kap. 2 handelt Naomi auf diese Weise als (Ersatz-) Mutter Ruths. Unter den Stichworten „Heimatort" und „Verwandtschaft" will Naomi in dieser Rolle nun Boas und Ruth zusammen führen.

---

[1] Zur Form vgl. GK 91 f.

[2] MT: „Er worfelt die Gerstentenne", die Präposition muss ergänzt werden, anders Joüon, 67; Campbell, 117 f.

[3] Ketib statt Qere, vgl. BHQ.

[4] Qere (BHQ) oder altertümliche Form 2. Fem. Sg. (GK 44 b). LXX hat „Geh hinauf".

[5] LXX hat die Verben in umgekehrter Reihenfolge.

[6] Wörtlich: „Es soll geschehen".

[7] Ketib statt Qere, vgl. BHQ.

[8] Qere verlangt zusätzlich „zu mir".

[9] J.H.W. Bos, Out of the Shadows: Semeia 42 (1988), 37–67, hier 60; Fischer, 199 f. sehen das Kapitel durch das Fehlen einer narrativen Einleitung gekennzeichnet. Die Einführung des Boas in 2, 1 ist aber keine Narration, sondern unterbricht den Handlungsprogress durch einen Nominalsatz.

Vv. 1–4 bilden eine lange Rede Naomis. Sie gliedert sich in zwei Abschnitte. In Vv. 1–2 erläutert Naomi, dass sie einen Plan hat. Aufmerksamkeitsleitende Partikeln („Jetzt aber" V. 2; „Siehe": V. 2) und rhetorische Fragen (Vv. 1. 2) erzielen hier äußerste Aufmerksamkeit Ruths und des Publikums. Vv. 3–4 setzt Naomi diesen Plan in neun Befehlsformen[10] um. V. 4 schließt damit, dass Naomi ihre Autorität an Boas weitergibt.

V. 1 bildet nach 2, 23 einen Neuansatz der Handlung, setzt aber dessen   1
Rollenstruktur fort. In ihrer Anrede an Ruth „Meine Tochter", die jetzt erstmals betont am Anfang einer Rede Naomis steht, setzt Naomi dieses Mutter-Tochter-Verhältnis auch im Dialog um. Ihr Eröffnungssatz knüpft an 1, 9 an, dabei zeigt aber die Variation der Begrifflichkeit, dass die Handlung inzwischen Fortschritte genommen hat. Anstatt zu wünschen, Ruth möge mit JHWHs Hilfe eine Heimat „finden", will Naomi sie nun aktiv „suchen" (*bāqaš*). Naomi tauscht mit Ruth die Rolle, was durch das vorige Kapitel veranlasst ist: Ruth hatte Naomi von dem Brot gegeben, das JHWH seinem Volk gegebnen hatte, nun will Naomi für Ruth das suchen, was JHWH für sie vorgesehen hat. Da *bāqaš* auf die Behebung eines Defizits zielt – man sucht das, was man noch nicht oder nicht mehr hat[11] – deutet Naomi an, dass sie einen dauerhaften Zustand im Auge hat.[12] Diesen kennzeichnet sie als „Heimat" (*mānōaḥ*). Wurzelverwandt mit *Menûḥāh* von 1, 9, ist es stärker lokal konnotiert als dieses (Jes 34, 14; 1Chr 6, 16; Gen 8, 9), die Heimat, in der man physisch und psychisch anzukommen wünscht.[13] Der nachgestellte Finalsatz[14] verbindet die lokale Heimat und das Wohlergehen im deutlichen Anklang an Dtn 4, 40; 6, 3. Das Dtn verheißt in Moab, dass es Israel im Gelobten Land gut gehen werde, die Moabiterin soll nun daran Teil haben. Es ist bereits hier offensichtlich, dass Naomi einen Mann für Ruth sucht (vgl. 1, 9). Der Anklang an das Deuteronomium macht aber deutlich, dass Gesetzestreue eine Voraussetzung für das Wohlergehen ist. So ahnt das Publikum, dass bereits hier Boas im Blick ist. Dies gilt umso mehr, als Naomi Boas' Rede von 2, 8–9 nachahmt. Naomi nimmt hier – in Verlängerung von 2, 21–22 – Ruth aber auch unmissverständlich jede Eigeninitiative aus der Hand.

In *V. 2* lenkt Naomi mit demselben Nachdruck Ruths Blick auf Boas.   2
Sie bezeichnet ihn jedoch nicht als „unseren Löser", sondern als „unsere Verwandtschaft". Die Verbindung von Lösung und Verwandtschaft wird somit nicht angesprochen, es wird nur soviel deutlich, dass der Verwandte Boas im Interesse Ruths für die Männer und Söhne eintreten soll, die Naomi nicht mehr hat. Damit nimmt sie ihre spekulativen Überlegungen von 1, 10–13 wieder auf. Gleichzeitig macht die Formulierung „unsere Verwandtschaft"

---

[10] Perf. Cons. in der Funktion des Imperativs.
[11] Vgl. S. Wagner, ThWAT I (1973), 755.
[12] Vielleicht klingt auch hier schon als Oberton die erotisch-sexuelle Färbung dieses Kapitels mit, vgl. Hld 3, 1–2; 5, 6; 6, 1.
[13] H.D. Preuß, ThWAT V (1986), 306.
[14] Zur finalen Bedeutung vgl. Campbell, 116.

zweierlei deutlich. Indem Naomi betont, dass Ruth zur Familie gehört, schließt sie aus, dass die Ehe, die sie im Blick hat, eine Mischehe sein wird. Ruth ist keine Fremde mehr und Naomi weiß, dass Boas ebenso denkt. Zweitens schließt der unspezifische Begriff „Verwandtschaft"[15] aus, dass die Verbindung zwischen Ruth und Boas die Inzestregeln von Lev 18 verletzt.[16] Erneut zeigt sich, dass Naomi die Familienrechtsnormen Israels sehr gut kennt (vgl. 1,10–13), sie aber durchaus selbst in die Hand nimmt, wenn es sein muss. Damit nimmt sie wie schon 2,21–22 ihre Verantwortung als (Ersatz-) Mutter mit vollem Ernst wahr, auch wenn die „Tochter" möglicherweise andere Interessen hat. Der Verweis auf Boas' junge Frauen erinnert noch einmal daran.

Mit „Siehe" wird der Übergang zum tatsächlichen Plan geschaffen. Diesmal ist es nicht der Zufall, der Boas und Ruth zusammenführt, sondern Naomi.[17] Sie weiß, dass Boas in dieser Nacht allein sein wird.

Die vorausgesetzte Situation geht von einem Dreschplatz aus, den die ganze Stadtgemeinschaft gemeinsam nutzt.[18] Es handelt sich um einen außerhalb der Stadt gelegenen Platz mit Stein- oder Lehmboden, auf dem das geerntete Getreide zunächst gedroschen wird. Danach wird durch Hochwerfen die Spreu von den Körnern getrennt.

Dass Boas allein worfelt, kann der literarischen Situation geschuldet sein, deutet aber wahrscheinlich darauf hin, dass der Besitzer nachts bei seinem Getreide bleibt, um es zu bewachen.[19]

Der Abend ist tatsächlich ein sinnvoller Zeitpunkt zum Worfeln, weil es abends windig wird.[20] Gleichwohl worfelt man nicht mehr nachts bei Dunkelheit, sondern Boas bleibt nach dem Worfeln auf der Tenne.

3 In den folgenden Versen bereitet Naomi Ruth gezielt auf die Begegnung mit Boas vor. In V. 3 fordert sie Ruth zunächst auf, sich sorgfältig zurechtzumachen. Im Alltagsleben wusch man sich in Israel wegen des knappen Wassers lediglich Hände, Gesicht und Füße, wahrscheinlich auch den Intimbereich. Öl oder Salbe dienten auch alltags als Haut- und Sonnenschutz für Gesicht und Hände. An Kleidung besaß der Durchschnittsisraelit wahrscheinlich nur höchstens zwei Kleidungsstücke, eines für jeden Tag und eines zum Wechseln und/oder für festliche Anlässe. Der Begriff *śimlāh* kennzeichnet in V. 3 kein ausgesprochenes Festgewand, sondern lediglich das die Nacktheit bedeckende Obergewand, das zur Grundausstattung gehört (vgl. Ex 22,25; Dtn 24,10–13). Mit dem Waschen, Ölen und Umziehen bereitet man sich auf festliche und kultische Begehungen vor (Gen 35; Ex 20,17). Auch der Übergang in eine neue Lebensstation wird damit markiert (2Sam 12,20;

---

[15] S. zu 2,1.
[16] Vgl. Braulik, Deuteronomium, 119 f.
[17] Fischer, 201.
[18] Frevel, 91.
[19] Ebd.
[20] Gerleman, 31; Zakovitch, 136.

Ez 16, 8–10).[21] Zu letzterem gehört die Hochzeitsnacht (Ez 16, 8–10) und die erste intime Begegnung eines Liebespaares (Hld 1, 4; 4, 10). Eine solche Begegnung hat Naomi offenbar im Blick, jedoch verlangt sie von Ruth nicht, sich übermäßig aufzuputzen.[22] Wie sehr Ruth sich tatsächlich zurechtmachen soll, ist hier vollständig der Imagination des Publikums überlassen.

Gleichwohl bereitet Naomi Ruth auf einen intimen Kontakt mit Boas vor, die Anweisungen sind aber bewusst mehrdeutig gestaltet. „Lass dich nicht erkennen" (*jāda'*) deutet vordergründig darauf hin, dass sich Ruth irgendwie verstecken soll, bis Boas fertig gegessen und getrunken hat. *Jāda'* ist aber auch der hebr. Begriff für den Geschlechtsverkehr (Gen 4, 1; 19, 8; Num 31, 17. 35; Ri 11, 39; 21, 11; 1Sam 1, 19; 1Kön 1, 4).

Weil im atl. Denken der Erkenntnisprozess mit allen Sinnen, Herz und Verstand stattfindet und mit aller Kraft den Dingen auf den Grund zu gehen versucht,[23] handelt es sich durchaus nicht um einen Euphemismus, sondern um den sachgemäßen Ausdruck dessen, was im Liebesakt geschieht (oder geschehen sollte). Es ist eine ähnliche Denkbewegung wie beim „Huld finden" (2, 10–13), die ebenfalls das Wahrnehmen mit dem Erkennen und dem Gefühlsausdruck verbindet.

Ein solcher Vorgang ist zu wichtig, um ihn wegen Hunger und Durst zu unterbrechen. Ruth soll also wissen, worauf sie sich einlässt, weder von sich aus auf Boas zugehen, noch zulassen, dass Boas sich auf sie stürzt.[24] Umgekehrt ist auch die Mahlzeit eine Angelegenheit, die die volle Aufmerksamkeit verdient – zumal nach einem langen Arbeitstag.[25] Boas soll dieselbe Gelegenheit bekommen wie Ruth im vorigen Kapitel, sich in aller Ruhe zu sättigen und genauso soll auch seine sexuelle Würde geachtet werden.

Daneben spielt der Text – in Fortsetzung von Kap. 2 – aber auch ein ironisches Spiel mit dem Wissen und Nicht-Wissen. Ausgerechnet der Verwandte (*mōda'at*) soll am vorzeitigen Erkennen (*jāda'*) gehindert werden! Das dreht die Verhältnisse von 2, 10–13 exakt um.[26] Dort war Boas derjenige, der unerklärlicherweise mehr wusste, als er eigentlich hätte wissen können und konnte nur durch Ruths gezieltes „Warum" (*maddûa'*) dazu gebracht werden, dieses Wissen offen zu legen. Nun haben Naomi, Ruth und das Publikum einen Wissensvorsprung.

In V. 4 geht dieses Spiel weiter. Ruth soll sich genau merken (*jāda'*), wo   4
Boas sich hinlegt, offenbar, solange es noch hell genug ist. Boas, der genaue Beobachter (2, 10), soll jetzt selbst beobachtet werden.[27] Dann soll Ruth zu

---

[21] Vgl. auch die textstrukturierende Rolle der Kleider Josephs in Gen 37–50.

[22] Anders Zenger, 67. Es fehlen aber in Naomis Anweisung Schmuck (vgl. Frevel, 90), Parfum, Make-up, Frisur und kostbare Kleider.

[23] Vgl. G.J. Botterweck, ThWAT III (1977), 491–493.

[24] In Ri 19, 25 bedeutet *jāda'* „vergewaltigen"!

[25] Fischer, 202 f.

[26] Auf die Spiegelung von Kap. 2 und Kap. 3 weist auch Fischer, 207 ff. hin.

[27] Vgl. auch F. Landy, Ruth and the Romance of Realism, or Deconstructing History: JAAR 62 (1994), 285–317, bes. 310 ff.

ihm kommen und sein „Fußende" aufdecken. *Marg^elōt* erscheint nur noch Dan 10, 6. Die zugrunde liegende Wurzel *rægæl* bezeichnet meist den Fuß, kann aber auf die ganze Region unterhalb der Hüfte ausgedehnt werden: Beine (Dtn 2, 5; Ez 16, 25; Dan 10, 6), vor allem aber den Unterleib (Ex 4, 25; Ri 3, 24; 1Sam 24, 4; Jes 7, 20). Ruth soll von Boas' Decke soviel wegziehen, wie eben noch schicklich ist. Dass sie ihn ganz – d. h. bis zu den Genitalien – entblößen sollte, ist ausgeschlossen. Eine solche Entblößung ist ein schwerstes gesellschaftliches Tabu. Es rührt an die sensibelsten Schamgrenzen und ist daher unter Verwandten fluchwürdig (Gen 9, 18–27; Lev 18). Nachdem Boas Ruths körperliche Integrität in höchstem Maße geachtet hat, ist undenkbar, dass sie seine verletzen sollte.[28]

Gleichwohl soll Boas hier durchaus in eine kompromittierende Situation gebracht werden. Sie verlangt von ihm ähnlich viel ab wie die Bitte um Nachlese 2, 7. War dort seine äußerste Großzügigkeit – über das Gesetz hinaus – gefordert, so stellt Naomis Plan jetzt seine Selbstbeherrschung als Mann auf die Probe. Es muss erwiesen werden, dass (vgl. 2, 13) Boas tatsächlich seinen sexuellen Maßstäben entspricht. Nicht umsonst bricht Naomi an diesem Punkt ihre Anweisungen ab. Ruth soll sich bei dem aufgedeckten Boas hinlegen und abwarten, was er tut. Die Vorstellung, dass Ruth zu Füßen des Boas liegt, appelliert bereits hier proleptisch auch an seine Großmut – es ist eine sexuell aufgeladene Wiederholung der Demutsgeste von 2, 10–13. Bis an diese Stelle ist das Leitwort „liegen, sich hinlegen" (*šākab*) eindeutig nicht mit sexuellen Obertönen versehen,[29] ob wohl die Stimmung, die Naomi antizipiert, sexuell ambivalent ist.

5.6   In V. 5 bekundet Ruth ihren Gehorsam. In V. 6 wird dies narrativ wiederholt, wobei der Verweis auf Naomis „Befehl" (*ṣāwāh*) deutlich macht, dass Ruth keinen Widerspruch äußern kann (vgl. 2, 9). Naomi will jetzt das herbeiführen, was Boas verhindern wollte.

Indem narrativ gesagt wird, dass Ruth Naomis Befehl wortgetreu befolgt, wird die Imagination des Publikums angeregt. Es „sieht" Ruth, wie sie sich vorbereitet, zur Tenne geht, sich dort versteckt, wartet und dann an Boas aufgedeckte Beine legt. Mag damit auch ein gewisses voyeuristisches Timbre über dieser Szene liegen,[30] so gehorcht der Text doch auch hier seiner eigenen inhärenten Logik des Spiels mit dem Sehen und dem Wissen. Das Publikum sieht und weiß, was Boas nicht sieht und nicht weiß und bekommt damit endgültig den Wissensvorsprung, den Boas 2, 10–13 hatte. Am Ende wird ein ähnliches Bild heraufbeschworen wie 2, 11: Ruth zu Füßen des Boas, aller-

---

[28] Es ist ebenso unwahrscheinlich, dass Naomi von Ruth verlangt, sie selbst solle sich an Boas Fußende ausziehen. Die entsprechenden Überlegungen von K. Nielsen, Le choix contre le droit dans le livre de Ruth: VT 83 (1985), 201–212; E. van Wolde, Texts in Dialogue with Texts: Intertextuality in the Ruth and Tamar Narratives: BibInt 5 (1997), 1–28, hier 20 gehen von einem falschen Verständnis der Kleidungsstücke in Ru 3 aus (vgl. dazu auch Fischer, 202 f.).

[29] Um eindeutig auf den Sexualkontakt zu verweisen, müsste *šākab* mit der Präposition '*im*, „mit, bei" konstruiert werden.

[30] Immerhin sieht man einer Frau im Bad zu, vgl. 2Sam 11, 2 mit den bekannten Folgen.

dings in anderer Situation. Dass Boas in 3, 6 imaginativ halbnackt daliegt, lässt ihn sofort weniger autoritär erscheinen als in Kap. 2. Der Text macht das Publikum hier zum Komplicen einer recht weitgehenden Schwächung eines Mannes.

In *3, 1–6* will Naomi für Ruth eine dauerhafte Lebensperspektive ermöglichen, indem sie eine sexuelle Begegnung zwischen Ruth und Boas herbeiführt. Er ist als Verwandter der Partner der Wahl, wobei seine Rolle als „Löser" wohl implizit mitschwingt, aber (noch) nicht offen ausgesprochen wird.

Die Szene ist in exakter Umkehrung der Rollen von 2, 2 gestaltet und verlängert trotzdem den Rückbezug auf Ruths Schwur (1,16–17). Dadurch, dass Ruth aus eigenem Impuls dorthin ging, wohin Naomi nicht ging, hatte sich eine erste Lösung ihrer gemeinsamen Lage ergeben. Nun will Naomi die nächste Stufe dadurch herbeiführen, dass Ruth anderswo übernachtet als sie selbst. Es lässt sich nach Kap. 2 erwarten, dass der Plan aufgeht, wenn auch möglicherweise in einer verblüffenden Weise. Der größte Kontrast zu allem, was das Publikum bisher gesehen und gehört hat, ist Ruths stillschweigender Gehorsam. Sie, die sich bisher nur zu gut gegen Bevormundung zu wehren wusste (1, 16; 2, 13. 21), fügt sich nun widerspruchslos.[31] Das erhöht die Spannung, ob sie nicht doch noch im richtigen oder falschen Moment die Pläne ihrer Schwiegermutter durchkreuzt.

Die größte Leerstelle dieser Verse liegt indes in der Frage, was Naomi mit ihrem Plan eigentlich bezweckt. Hätte sie von vornherein nur eine Eheschließung im Blick, so müsste sie nicht diesen Weg wählen. Ehen werden auf dem Verhandlungsweg geschlossen. Auch eine zwischen Naomi und Boas ausgehandelte Ehe zwischen Boas und Ruth wäre noch ungewöhnlich genug, weil Ruth nach wie vor eine Frau fremder Herkunft ist, keinen Besitz mitbringt und ein eventueller Brautpreis an Naomi zu zahlen wäre.

Naomis Plan zielt aber so eindeutig auf einen sexuellen Kontakt zwischen den beiden, dass dieser essentiell für ihr Vorhaben sein muss. Das eigentliche Ziel ihres Plans kann daher nur in einer Schwangerschaft Ruths liegen. Dass Boas ein Kind zeugen kann und wird, ist seit 2,1 zu erwarten.

Ein Kind von Boas und Ruth könnte folgende Konsequenzen für die Erzählung haben: Boas würde Ruth zur Frau nehmen, um sein Kind zu legitimieren. Dies wäre die nächstliegende Lösung und Naomis Plan nur eine Art Rückversicherung, die sicherstellen soll, dass es auch wirklich zu einer Eheschließung kommt.[32] Boas könnte außerdem Ruth zur Konkubine und als Mutter seines Kindes zu sich nehmen. Diese Lösung wäre nicht ideal, aber vertretbar. Es ist indes die einzige der möglichen Beziehungen, die Ruth von sich aus ausgeschlossen hatte (2, 13), doch das Publikum weiß

---

[31] Vgl. dazu auch Fischer, 203.

[32] Der offenkundige Plan, Boas durch die Schaffung vollendeter Tatsachen in eine Ehe zu zwingen, hat Naomi denn auch viel Exegetenschelte eingebracht, vgl. H. Gunkel, Reden, 89; Rudolph, 45; Gerleman, 33 u. a.

nicht, ob Naomi das weiß. In Naomis Horizont könnte drittens liegen, dass sie nach dem Muster Sarahs, Hagars und Abrahams ein Kind für sich selbst bekommen könnte.[33] Für ein solches Kind könnte Boas noch am ehesten seine sozialrechtliche Löserfunktion ausüben, doch auch in dem Falle wäre Ruth die *šipḥāh* des Boas.

In jedem Fall werden mit Naomis Plan die Erzählungen von Gen 19 und 38 atmosphärisch heraufbeschworen, in denen ein von Seiten des Mannes unwissentlich gezeugtes Kind eine oder mehrere Frauen aus einer Notlage befreit. Beide Texte taugen aber nicht zum exakten Vorbild für Ru 3. Weder ist die Leviratssituation von Gen 38 auf Ruth, Naomi und Boas anwendbar, noch ist Boas mit Ruth blutsverwandt wie in Gen 19.[34] So bleibt Ru 3,1–6 eine starke Unbestimmtheitsstelle im Text, die das Publikum zur aktiven Mitarbeit auffordert. Dabei ist besonders hier zu beachten, dass Mitarbeit bedeutet, die Optionen Naomis als Repräsentantin des Textes und seiner Welt nachzuvollziehen, nicht, über die möglichen Motive einer fiktiven Figur zu spekulieren.

So weiß das Publikum am Ende von V. 6 zwar mehr als Boas, aber längst noch nicht alles. Vielmehr ist Boas derjenige, der den Plan zu Ende führen soll.

Ruth 3,7–15: Tenne

7. Und Boas aß und trank[35] und war zufrieden. Dann kam er, um sich hinzulegen am Ende des Kornhaufens. Und da kam sie heimlich und deckte sein Fußende auf und legte sich hin. **8.** Und da geschah es um Mitternacht: Da erschauderte der Mann und tastete um sich und siehe da – eine Frau an seinem Fußende!
9. Da sprach er: „Wer bist du?" Und sie sprach: „Ich bin Ruth, deine Dienerin! Breite deinen ‚Flügel'[36] über deine Dienerin, denn Löser bist du!" **10.** Da sprach er: „Sei gesegnet von JHWH, meine Tochter! Du hast jetzt noch größere Liebe gezeigt als zuvor, weil du nicht hinter den Jünglingen hergelaufen bist, seien sie arm oder reich. **11.** Aber jetzt, meine Tochter, fürchte dich nicht! Alles, was du sagst, werde ich tun.[37] Denn es weiß das ganze Tor meines Volkes[38], dass du eine starke und wertvolle Frau bist. **12.** Aber jetzt – ja,

---

[33] Die zehnjährige kinderlose Ehe (1,4) Ruths deutet in diesen Horizont. A. Wénin, La stratégie déjouée de Noémi en Rt 3: EstBib 56 (1998), 179–199 sieht die Parallele eher in Gen 19; 38. Ähnlich auch Zakovitch, 53 f.

[34] Zu den einzelnen Bezügen vgl. Zakovitch, 49–53; Ebach, Fremde, 291 ff.; Fischer, 207–209.

[35] Das zweite Verb fehlt in LXX.

[36] S. den Kommentar zum Vers.

[37] Qere verlangt zusätzlich „zu mir".

[38] LXX hat „jeder Stamm meines Volkes".

es stimmt, dass ich ein Löser bin, doch gibt es noch einen Löser, der näher ist als ich. **13.** Übernachte diese Nacht! Und es soll geschehen am Morgen: Wenn er dich lösen will – gut, soll er lösen. Aber wenn es ihm nicht gefällt, dich zu lösen, dann werde ich, ja ich, dich lösen, so wahr JHWH lebt! Leg dich hin bis zum Morgen!"
14. Da legte sie sich an sein Fußende[39] bis zum Morgen. Und dann erhob sie sich, bevor[40] man jemanden wahrnehmen konnte. Da sprach er: „Man darf nicht erkennen, dass die Frau zur Tenne gekommen ist!" **15.** Und er sprach: „Gib her das Obergewand, das du trägst, und halte es fest!" Und sie hielt es fest. Da maß er sechs (Maß) Gerste ab und legte sie ihr auf. Und dann kam er zur Stadt.

3,7–15 enthält eine narrative Einleitung (Vv. 7–8), einen Dialog zwischen Boas und Ruth (Vv. 9–14 a) und eine abschließende Szene (Vv. 14 b–15). 3,7–15 spielt sich auf der Tenne ab, aber die Handlung vollzieht sich in zeitlichen Schritten: V. 7 geschieht noch vor Mitternacht, Vv. 9–13 um Mitternacht, V. 14 a überbrückt die Zeit von Mitternacht bis zum Morgen, Vv. 14 b–15 vollziehen sich am Morgen, aber noch bei Dunkelheit.
Die Hauptperson der Szene ist Boas, Ruth erscheint als handelndes Subjekt nur Vv. 7 b.9 b.14 a.15 bα. Die Kennzeichnung der beiden ist neu und auffallend. Vv. 7–8 handeln Boas und „sie", V. 8 „der Mann" und „eine Frau", Vv. 9–15 „Er" und „sie". Zumindest auf der narrativen Seite sind die beiden damit ohne jede soziale, ethnische oder familiäre Beziehung dargestellt, als Mann und Frau. Welche Rolle sie füreinander spielen könnten, ist Thema ihres Gesprächs.
Das Hauptleitwort der Szene ist *šākab*, „liegen, sich hinlegen" (Vv. 7. 8. 13. 14), das – gemeinsam mit „essen", „trinken", „Fußende" und „Nacht" – die Kontinuität zur vorangegangenen Szene herstellt. Mit der Verwendung dieses Verbs wird die erotisch-sexuelle Spannung aufrechterhalten, die über der Szene liegt. Von dieser ist der zentrale Dialog jedoch frei: Boas muss Ruth erneut auffordern, sich hinzulegen. In diesem Dialog ist dagegen „lösen" (*gā'al*: Vv. 9. 12. 13) das eigenständige Leitwort, das die Brücke zwischen 2, 19 und Kap. 4 herstellt.

Vv. 7–8 bilden die narrative Einleitung der Szene. Sie ist ein kleines literarisches Meisterstück. Hatte das Publikum in V. 6 Ruth schon imaginativ bis zu dem Moment begleitet, da sie sich hinlegt, so greift V. 7 noch einmal zurück und schildert erst Boas beim Essen, dann Ruth, die sich zu ihm legt. Die Szene, die bislang nur imaginiert wurde, wird nun ausgemalt. Das steigert die Spannung bis zum Äußersten. V. 8 zeichnet dann den Moment, in dem Boas erwacht und schildert die Erkenntnis aus seiner Perspektive.

---

[39] Qere, vgl. BHQ.
[40] Qere, vgl. BHQ.

7   *V. 7* liegt der Blick zunächst auf Boas, der wie angekündigt isst und trinkt.
Über Naomis Anweisung hinaus geht die Schilderung „und er war zufrieden", wörtlich „und sein Herz wurde gut". Das lässt sich als Hinweis auf
Trunkenheit lesen, LXX hat deswegen das „und er trank" gestrichen.[41] Wahrscheinlicher ist aber eine genussvolle Mahlzeit des Boas mit einer angemes-
senen Menge Wein, um den Feierabend zu begehen (im Sinne von Koh 7, 9).[42]
Gleichzeitig echot Boas zufriedene Stimmung Naomis Wunsch, Ruth möge
es gut gehen.[43] Es zeichnet sich andeutungsweise ab, dass es Ruth bei dem
gut gehen wird, dem es selbst gut geht.

Auch Boas' Niederlegen wird gegenüber Vv. 1–4 erweitert. Hier formuliert der Text gewissermaßen mit den Augen Ruths und merkt sich die
Stelle[44]. Den Körnerhaufen als Schlafplatz zu wählen, ist sinnvoll, wenn Boas
seine Ernte bewachen will, bietet aber auch eventuell etwas Stroh als Unter-
lage[45].

Danach betritt wie geplant Ruth die Szene. Auch hier gibt der Text mit
dem Zusatz *ballaṭ*, „leise, heimlich, vorsichtig"[46] ein zusätzliches Detail.
Trotz kleinerer Abweichungen ist Naomis Plan nunmehr zum dritten Mal
geschildert. Am Schluss handeln Boas und Ruth in exakter Parallelität, Boas
kommt und legt sich hin, Ruth kommt und legt sich hin. Hier ist nun eine
Zäsur erreicht. Gemäß Naomis Plan muss Boas von nun an die Führung
übernehmen.

8   *V. 8* schildert jedoch zunächst, wie Boas aufwacht. Der Vers beginnt mit
der Zeitangabe „Um Mitternacht", wörtlich „zur Hälfte der Nacht", d.h.
nicht um zwölf Uhr, sondern zu der Zeit, in der es am stillsten und dunkels-
ten ist. Die Zeitangabe bringt ein Moment des Unheimlichen in die Erzählung, parallelisiert aber Ru 3, 8 ganz gezielt mit dem Exodus: Um Mitternacht tötet JHWH die Erstgeburt (Ex 12, 29). Die folgenden Ereignisse haben
also für das Ruthbuch dieselbe Bedeutung wie jene Passanacht für Israel, sie
sind der Wendepunkt, an dem sich entscheidet, wer zu JHWH gehört und
wer nicht. Wie die Israeliten haben sich Ruth und Boas darauf vorbereitet
(vgl. Ex 12, 8–9. 11), aber wie die Ägypter wissen beide nicht (genau), was
nun geschehen wird.

Diese Spannung hält der Text noch für weitere zwei Sätze, indem er
das Publikum in Zeitlupe an Boas' Erwachen Teil haben lässt. Boas schreckt

---

[41] Vgl. E. Bons, Version, 218 f. Auch Josephus verzichtet darauf. Rudolph, 54; Zakovitch, 54
rechnen damit, dass die Trunkenheit des Boas zu Naomis Kalkül gehört, um ihren moralisch an-
stößigen Plan leichter gelingen zu lassen.

[42] So mit Nachdruck Fischer, 207.

[43] Ebd. Nur unter diesem Horizont besteht eine Korrelation zwischen Naomis Plan und Boas'
Zustand.

[44] Zakovitch, 10.

[45] Dass *ʿᵃrēmāh*, „Kornhaufen" ein Wortspiel mit *ʿārōm*, „nackt" sein soll (E. v. Wolde, Texts,
22), ist ebenso wie der Verweis auf den Kornhaufen als erotische Metapher (Hld 7, 3: Frevel, 91;
Fischer, 207) wahrscheinlich eine Überschätzung der Erotik der Szene.

[46] Vgl. Ri 4, 21; 1Sam 24, 4. S. auch Campbell, 122.

zunächst zusammen (*ḥādar*), aus sexueller Erregung[47], Kälte[48] oder Schrecken[49]. Ps 91, 5 verheißt dem, der sich unter JHWHs Flügeln birgt, Sicherheit vor dem Schrecken der Nacht – dies ist wahrscheinlich der Horizont von Boas' Erwachen. Die folgende Handlung ist unklar, *lāpat* bezeichnet entweder „sich winden" (Hld 6, 18) oder „umfassen" (Ri 16, 29), Boas wälzt sich also herum oder tastet um sich, um sich zu orientieren.

In Boas' Entdeckung macht sich der Text Boas' Perspektive zu eigen, das „Siehe da" (*hinnēh*) hat die Qualität von „Nanu?". Hier löst sich die unheimliche Spannung fast ins Humoristische auf.

Der nachfolgende Dialog *Vv. 9–14 a* besteht aus einem kurzen Austausch zwischen Ruth und Boas (V. 9) und einer langen Rede des Boas (Vv. 10–14). Boas und Ruth erörtern ihre Beziehung zueinander, die von dem Hauptstichwort „lösen" (Vv. 9. 12. 13) gerahmt ist, und in deren Mitte das theologisch sensible „Liebe" (*Ḥæsæd*) steht. Der Austausch ist von gegenseitigen Imperativ-Formen geprägt, so dass – ganz unerwartet – jetzt beide einander sagen, was zu tun ist.

V. 9 kommt es endlich zum lange erwarteten Erkenntnisakt. Vor jeder Anweisung aber, was zu tun wäre, steht die Frage nach der Identität. Boas fragt Ruth (zum ersten Mal!) nach ihrem Namen. Ruth antwortet und löst sich damit sprachlich von Naomi und ihren Anweisungen. Gleichwohl bezeichnet sie sich erneut als Boas „Dienerin", diesmal '*āmāh*, nicht *šipḥāh*. Sie schärft damit erneut ein, dass sie Boas keine Liebesdienste leisten wird. Diese Vorstellung Ruths ist aber ein sensibler Moment im Ablauf der Ereignisse. In der ambivalenten Situation, in der die beiden sich befinden, besteht noch immer die Gefahr, dass Boas die Situation ausnutzt und/oder gewalttätig wird. Ruths Demutsterminus „Dienerin" dient damit auch ihrem eigenen Schutz. Falls noch etwas passiert, ist Boas eindeutig im Unrecht.

Ähnlich wie schon 2, 10 ist Ruths Demut die Bühne für einen sehr deutlichen Sprechakt. War es dort die unverblümte Frage, so ist es hier die Aufforderung „Breite deinen Flügel über deine Dienerin!". Damit spielt Ruth auf Ez 16 an.

Exkurs: Ru 3, 9 und Ez 16

Ez 16 ist eine metaphorische Rede JHWHs an die als Frau personifizierte Stadt Jerusalem. Sie erzählt, wie diese Frau als Säugling von ihren ausländischen Eltern vernachlässigt und ausgesetzt, von JHWH aber gefunden und am Leben erhalten wurde (Ez 16, 1–7 a). Als das Mädchen herangewachsen ist, breitet JHWH seinen „Flügel"

---

[47] Rudolph, 44.
[48] Campbell, 122.
[49] Campbell, 122; Zenger, 70 f.; R. Jost, Freundin, 51–53. Trotzdem ist in diesem möglichen Schrecken kaum der Nachtdämon Lilith evoziert, vgl. Fischer, 209.

über sie und schließt mit ihr einen Bund (16,8). Dann wäscht, pflegt und schmückt er sie und gibt ihr kostbare Kleider (16,9–1). Sie aber missbraucht ihre Schönheit, um fremden Liebhabern nachzulaufen (16,15–34) an deren Gewalt sie JHWH als betrogener Ehemann schließlich ausliefert (16,35–58).[50]

Die ältere Forschung hat den unverkennbaren Bezug zwischen Ru 3,9 und Ez 16,8 – unter der Voraussetzung, dass Ruth älter ist als Ezechiel – immer dahingehend aufgefasst, dass hier ein konkreter Hochzeitsbrauch gemeint ist, bei dem der Mann die Frau mit seinem Gewandsaum (so der Singular von „Flügel": Num 15,28; Dtn 22,12; 1Sam 15,27; 24,5 f.; Jer, 2,34) bedeckt.[51] Das eheähnliche Verhältnis zwischen JHWH und Jerusalem in Ez 16 hängt aber am Bund, wohingegen in dem hochmetaphorischen Text der Flügel den Schutz des vernachlässigten Mädchens anzeigt, den JHWH gewährt, die ausländischen Eltern und Liebhaber aber missachten.[52] Diese Schutzfunktion des Ehemannes wird in neueren Arbeiten zu Ru 3 in den Vordergrund gestellt und auf Versorgung ausgedehnt.[53]

Ganz eindeutig bezieht sich Ru 3,9 auf Ez 16,8, aber der Bezugspunkt ist das ganze Gefüge von Ez 16, und dieser Bezug ist durch 2,11–13 vorbereitet. Ez 16,3–5 blickt auf Jerusalems „Kindheit" zurück: Von Herkunft her ausländisch, wurde sie von Vater und Mutter vernachlässigt und auf das offene Feld geworfen, bis JHWH sie mit seinem „Flügel" bedeckte. Die entscheidenden Stichworte dieser Geschichte hat Boas schon in 2,11–13 gesprochen: Herkunft (mōlædæt: Ez 16,3), Land, Vater, Mutter, Feld und Flügel. Was für Boas eine Wallfahrt unter die Flügel JHWHs war, wird von Ruth jetzt in eine Bitte umgesetzt, an ihr die Erwählung Israels durch JHWH nachzuvollziehen.[54] Auch im Folgenden wird noch auf diesen Ezechiel-Zusammenhang rekurriert werden.

Ruths Aufforderung ist daher eher symbolisch-theologisch als konkret sexuell zu verstehen. In einer ebenso vorsichtig formulierten wie kühnen Metapher bittet Ruth Boas für sie die Rolle JHWHs einzunehmen und sie schützend und anerkennend unter seine Fittiche zu nehmen.

In dieselbe Richtung geht Ruths Begründung ihrer Bitte, das stark betonte „Denn (Er-)Löser bist du". Anknüpfend an 2,20 spricht Ruth Boas weder als „mein Löser" noch als „unser Löser" an, sondern nur absolut als „Löser". Es ist für die nachexilische Theologie unmöglich, die juristisch-ethische Konnotation des „Lösens" von der theologischen „Erlösen" zu trennen, die schon in Prv 23,11; Ps 72,14; 74,2 aufeinander transparent sind. Bei DtJes kulminiert das besondere Verhältnis zwischen JHWH und Israel in dem Gottesepitheton „Erlöser" (Jes 41,14; 43,14; 44,6; 48,17; 49,7 f.26; 54,5, vgl. auch Ps 19,15; 78,35; Jes 60,16; 63,16), das die Israel rettend, tröstend und befreiend zugewandte Seite des königlichen und ewigen Gottes ist (Jes 44,6). Ruth

---

[50] Zum Text und der Diskussion: Köhlmoos, Töchter, 218–221 (Lit.).

[51] H. Gunkel, Reden, 77; Gerleman, 32; Rudolph, 56; Campbell, 123; auch noch Zenger, 71. Bei E. v. Wolde, Texts, 20 begründet Ruths Aufforderung van Woldes These, Ruth hätte sich ausgezogen.

[52] Köhlmoos, Töchter, 219.

[53] P.A. Kruger, The Hem of the Garment in Marriage: JNWSL 12 (1984), 79–86; Fischer, 211.

[54] Vgl. auch Braulik, Deuteronomium, 120, mit zusätzlichem Verweis auf Dtn 23,1.

hat dieser Rolle Boas' bereits vorgearbeitet durch „Du hast mich getröstet" (2, 13). Trost und Erlösung gehören zusammen (Jes 52, 9).

V. 9 bringt somit den verblüffenden Wendepunkt dieses Kapitels, der nicht nur darin besteht, dass Ruth nun Boas sagt, was er tun soll. Vielmehr ist es ein – bereits durch 2, 10–13 vorbereitetes – gegenseitiges Erkennen, das darin gipfelt, dass Boas für Ruth die Rolle JHWHs spielen soll, soweit das menschenmöglich ist.

Nach dieser gewichtigen Antwort Ruths bestreitet Boas in *Vv. 10–13* das Gespräch allein mit der längsten Rede des gesamten Buches. Sie enthält ihrerseits zunächst eine Anerkennung Ruths (Vv. 10–11), dann eine Thematisierung des Lösens (Vv. 12–13), lebt also vom Gefälle „Du" – „Ich"[55].

V. 10 beginnt mit einem Segen Ruths durch Boas. Mit derselben Formel   10 wie Naomi 2, 20 stellt Boas menschliches Handeln unter den Segen Gottes und vollendet damit seinen eigenen Wunsch aus 2, 13: Aus Lohn wird Segen. Jetzt ist auch Ruth – wie schon Boas – zur Gesegneten JHWHs geworden.[56]

Boas begründet seinen Segenswunsch erneut mit Ruths „Liebe" (*Ḥæsæd*) und stellt nun seinerseits erstmalig Ruths Handeln in die Sphäre göttlichen Handelns (1, 9). Anders als dort soll JHWH aber nun nicht Liebe mit Liebe vergelten, sondern Liebe mit Segen, weil Ruth noch größere Liebe gezeigt hat als zuvor. Ihre erste Liebe bestand darin, bei denen geblieben zu sein, die seit Moab die Ihren sind.[57] Größer wird ihre Liebe dadurch, dass sie nicht den Jünglingen (*Bāḥûrîm*) nachgelaufen ist. Das greift auf das Thema der jungen Männer von Kap. 2 zurück, von denen Boas und Naomi Ruth mit vereinten Kräften ferngehalten haben. Aber in Ez 23, 6.12. 23 – einer Variante von Ez 16 – sind diese *Bāḥûrîm* jene Männer, die JHWHs untreue Frau sich als Liebhaber erwählt. Boas verwendet dieselbe Texttradition wie Ruth und stellt fest, dass sie der Erwählung würdig ist, weil sie ihm nicht untreu wurde. Ez 16; 23 heben darauf ab, dass der Ehemann JHWH seine Frau(en) versorgt und schützt. Diese Rolle hat Boas für Ruth übernommen, und Ruth hat sie (endlich) akzeptiert.

V. 11 führt diese Reaktion auf Ruths Bitte mit großer Geste fort. Das   11 „Fürchte dich nicht" ist unbedingt ernst zu nehmen. Mit der Redeform des Heilsorakels nimmt Boas seine Rolle als Löser und Erlöser Ruths an, um Ruth zu versprechen, alles für sie zu tun (vgl. Jes 43, 1–6).[58] Boas handelt im Einverständnis mit ganz Bethlehem. Alle wissen – die Formulierung weist bereits auf Kap. 4 voraus – dass Ruth die Frau ist, die Boas entspricht. Sie ist die „Frau von Kraft" (*'æšæt ḥajil*)[59], wie er der „Mann von starker Kraft" (*'îš gibbor ḥajil*: 2, 1) ist.

---

[55] Vv. 10–11 enthält sechs Mal ein „Du"; Vv. 12–13: drei Mal „Ich".
[56] Vgl. M.S. Moore, Ruth the Moabite and the Blessing of Foreigners: CBQ 60 (1998), 203–217.
[57] Frevel, 91.
[58] Fischer, 215.
[59] Es handelt sich eindeutig um einen Verweis auf Prv 31, 10–31.

Das Targum und die LXX haben an dieser Stelle signifikante Änderungen in den Text eingebracht.

Ru 3, 11LXX liest „denn es weiß jeder Stamm (*phylé*) meines Volkes, dass Du eine tüchtige Frau bist". Die Ersetzung von *šaʿar* („Tor", griech. *pylé*) durch *šæbæṭ* („Stamm", griech. *phylé*) ist kaum durch die hebräische Textvorlage veranlasst. Falls es sich nicht um einen Hörfehler bei der Übersetzung handelt,[60] ist damit angezeigt, dass LXXRuth seine Geschichte für ein weltweites Judentums für relevant hielt.[61]

TgRu 3, 11 liest:

> „(Boas spricht) Durch Prophetie ist mir bekannt geworden, dass Könige und Propheten dazu bestimmt sind, von dir abzustammen, wegen der Freundlichkeit, die du deiner Schwiegermutter gezeigt hast."

Hier wird die Bedeutung Ruths in eine andere Richtung gewendet: Boas – und nur er – weiß, dass die wahre Bedeutung Ruths in ihrer Funktion als Stammmutter des Messias liegt. Der Rekurs auf die Erwählung Israels wird hier zurückgenommen. Eine ähnliche Erweiterung hat

TgRu 3, 15:

> „In diesem Augenblick wurde durch Prophetie angekündigt, dass sechs der rechtschaffensten Männer dazu bestimmt waren, von ihr abzustammen, von denen jeder mit sechs Gaben gesegnet sein würde – David, Daniel und seine Genossen und der König Messias"[62].

Sowohl LXX als auch das Targum greifen die Dramaturgie des Wissens auf, geben ihr aber jeweils andere Richtungen.

Fast unmerklich bringt Boas dabei auch das Thema des Wissens und Erkennens wieder ins Spiel: Ganz Bethlehem hat Ruths Wert und Würde bereits erkannt (*jādaʿ*) – Boas hat auf seine Weise den rationalen und emotionalen Erkenntnisakt vollzogen, der dem physischen „Erkennen" vorausliegt.

Ist in Vv. 10–11 somit deutlich geworden, welche Dimensionen Boas' Rolle als Löser/Erlöser Ruths hat, befasst sich Boas nun in *Vv. 12–13* mit der praktischen Seite des Lösens.

12   In *V. 12* wird über 2, 20 hinaus deutlich, dass es nur zwei Löser gibt: Boas und einen anderen, der aber in der Verwandtschaft näher steht. So ergibt sich nun wieder eine spannungsgeladene Entscheidungssituation.

13   *V. 13* spitzt diese Entscheidung doppelt zu. Die beiden rahmenden Imperative „Übernachte hier!" und „Leg dich hin bis zum Morgen" überlassen Ruth die Entscheidung für Boas oder für den anderen Löser. Das ist gleichzeitig eine Entscheidung, Naomi (zumindest temporär) zu verlassen. (1, 16) – erneut muss Ruth also ihren Schwur brechen, um ihn zu halten. Boas' zweiter Imperativ aber wiederholt die Worte Naomis.[63] Erneut ziehen die beiden

---

[60] Vgl. dazu T.A.W. van der Louw, The Dictation of the Septuagint Version: JJSt 39 (2008), 211–229.

[61] Vgl. zum Problem auch E. Bons, Version, 218 ff.

[62] S. zum Messianismus im Targum: N. Levine, Hungers, 312–324.

[63] Fischer, 216.

also wieder an einem Strang, und Boas erfüllt zumindest perspektivisch das Ziel, das Naomi im Blick hat – wenn Ruth mitspielt.

Der Mittelteil von V. 13 rückt die zweite Unbekannte der Rechnung ins Blickfeld: den anderen Löser. An seinem objektiven Recht kann Boas nicht vorbei, macht aber deutlich, dass es eine gute Lösung für Ruth sein wird. Für den Fall, dass der andere Löser seine Verpflichtung nicht wahrnimmt, verspricht Boas die Lösung und bekräftigt dies mit einem Eid. Die mögliche Verweigerung des Lösers formuliert Boas mit den Worten, mit denen ein Leviratsverweigerer seine Ablehnung ausdrückt, was womöglich schon auf die Verbindung von Levirat und Lösung vorausweist, die Kap. 4 dann durchführt[64]. Mit seinem Schwur „So wahr JHWH" lebt bindet sich Boas mit gleicher Ausschließlichkeit an Ruth wie Ruth 1, 16–17 an Naomi. Damit besteht jetzt ein Dreieck persönlicher Bindungen, das unter dem Richterspruch JHWHs steht, gleichzeitig aber ganz entscheidend von menschlichem Handeln abhängt.

In *V. 14 a* entscheidet sich Ruth wortlos, sich in diese Konstellation zu fügen und legt sich (wieder) Boas zu Füßen. Mit diesem knappen Satz schließt der zentrale Dialog von Kap. 3 ab und zeichnet dasselbe Bild wie am Anfang: Ruth zu Füßen des Boas. So schließt der Dialog mit einem schönen Bild friedlicher Intimität. Ob die beiden nicht nur beieinander schlafen, sondern auch miteinander, kann sich das Publikum ausmalen, wenn es das will, der Text ist hier weiterhin nicht eindeutig.[65]

Die Szene auf der Tenne 3, 7–14 a ist erzählerisch und inhaltlich die intensivste des Ruthbuches und gleichzeitig eine der intimsten Szenen des Alten Testaments. Von ferne, d. h. ohne explizite Anspielungen, schimmert hier die Begegnung von Mann und Frau im Garten Eden durch. Der Text unterstreicht damit auf ganz eigene Weise, dass Mann und Frau gleich sind und dies auch erkennen können.[66] Wenn Boas Ruth verspricht, alles zu tun, was sie will, sind erneut Geschlechterrollen teilweise in Frage gestellt.

Stärker jedoch als die Erinnerung an die Schöpfung ist in dieser Szene die Anbindung an die Erwählung Israels durch JHWH. Die Begegnung der beiden beschwört die Stimmung der ersten Passanacht herauf (V. 8), um dann JHWHs Geschichte mit Israel in den Termini von Ez 16; 23 und DtJes auf das Verhältnis von Ruth und Boas zu applizieren. Die Moabiterin Ruth – ohnehin schon als Judäerin ehrenhalber anerkannt (2, 10–13) – vollbringt das, was Jerusalem nicht geschafft hat: Den zu erkennen, der immer für sie da war, ihm treu zu bleiben und als Erlöser anzunehmen. Das ist nicht nur eine ungeheure Aufwertung des Fremden, die im Alten Testament ihresgleichen

---

[64] Zakovitch, 145; Fischer, 218 f.; Butting, Buchstaben 31.

[65] Fischer, 217 f.

[66] Vgl. dazu H. Spieckermann, Ambivalenzen. Ermöglichte und verwirklichte Schöpfung in Genesis 2 f., in: Ders., Gottes Liebe zu Israel. Studien zur Theologie des Alten Testaments, Tübingen 2001 (FAT 33), 49–61, bes. 53 f.

sucht. Es ist noch mehr eine wuchtige Erinnerung daran, dass Israel JHWHs Liebe oft genug verraten hat und daher nicht unbedingt einen Grund hat, sich seine Erwählung durch JHWH auf die Habenseite zu schreiben. Die Haltung eines Teils des nachexilischen Israel gegenüber Moabiterinnen und ihren Nachkommen beruht auf dem geschichtstheologischen Argument, dass es Moabiter (Num 22–24) und Moabiterinnen (Num 25, 1–5; 1Kön 11, 1–4) waren, die Israels religiöse Identität gefährdet haben. Ru 3 macht sich jene andere geschichtstheologische Position zu eigen – die durchaus nicht die Position einer Minderheit ist – dass Israel JHWH immer aus eigenem Impuls heraus verraten hat und stellt dem die Moabiterin entgegen, die dies gerade nicht tut. Seine geradezu polemische Spitze bekommt dieses geschichtstheologische Argument durch den Rückgriff auf Ez 16; 23. Dort wird Israels Untreue in das unüberbietbare Bild der hemmungslos geilen „Hure" gekleidet, wohingegen Ruth ihren Mann und Erlöser anzuerkennen ist und der Verführung gerade nicht erliegt. Nicht zufällig wird hier (3, 10) wieder der sensible Terminus *Ḥæsæd* gebraucht.

Die Frage des Verhältnisses zwischen Israel und Moab ist zweifellos eine der Identität des nachexilischen Israel als „Gemeinde JHWHs"[67]. Da sie auf konkrete Ehen angewandt wird, ist sie mehr als ein akademischer Streit zwischen Schriftgelehrten. Es ist daher nicht verwunderlich, dass auf beiden Seiten der Kontroverse sexualisierte Argumente ins Spiel gebracht werden. Nicht nur Ez 16; 23 liegen Ru 3 als Bezugstexte voraus, sondern auch Gen 19, 30–38[68]. Die Moab-Polemik aus Num und Dtn wird dadurch noch unterstützt, dass die Moabiter Produkt eines von Frauen initiierten Inzests sind. Ru 3 knüpft situativ an diesen Text an, um dann konsequent Ruth auch von diesem Makel zu befreien. Ruth und Boas sind nicht blutsverwandt, Boas ist stocknüchtern, und alle Beteiligten streben eine – wie auch immer geartete – rechtskonforme Lösung an.

Vv. 14 b–15 trennen Ruth und Boas voneinander, schildern aber noch eine seltsame kleine Abschiedsszene.

In *V. 14 b* beendet Ruth ihr Beisammensein, indem sie sich erhebt (vgl. 1, 7; 2, 15). Dieser Aufbruch Ruths findet zwar am Morgen, trotzdem aber noch bei Dunkelheit oder Dämmerung statt, „bevor ein Mann seinen Nächsten wahrnehmen konnte". Die Formulierung (möglicherweise eine Redewendung) drückt aus, dass man Freund nicht von Feind unterscheiden kann, verwendet aber gezielt *nākar,* „wahrnehmen" (vgl. 2, 10. 19). Was draußen noch nicht möglich ist, hat Boas bei hellem Tageslicht schon zweimal mit Ruth vollzogen. Dass ein Mann nicht Freund noch Feind erkennen könnte, hat seine Ergänzung in Boas' Überlegung.[69] „Es soll nicht bekannt werden,

---

[67] Vgl. dazu C. Karrer, Ringen, 81–83.

[68] S. zu den Einzelheiten H. Fisch, Ruth and the Structure of Covenant History: VT 32 (1982), 425–437, bes. 430–435; Ebach, Fremde, 281 ff.

[69] Boas spricht diesen Satz ungezielt aus, das deutet möglicherweise ein Selbstgespräch an, vgl. Zakovitch, 145.

dass eine Frau auf der Tenne war". Noch einmal soll Ruth also nicht „erkannt" werden (*jāda'*). Möglicherweise deutet sich hier nachträglich doch an, dass Boas Ruth auch im sexuellen Sinne „erkannt" hat.[70] In jedem Fall rundet sich hier die Szene: Ruth soll genauso unerkannt gehen, wie sie gekommen ist.

In *V. 15* kommt eine weitere Maßnahme hinzu. In derselben Entsprechung von Anweisung und Durchführung wie schon V. 6 sieht man Boas, wie er eine bestimmte kleinere Menge Gerste in Ruths Überwurf oder Kopftuch schüttet[71] und es ihr zum Wegtragen auflädt. Die Maßeinheit fehlt, wahrscheinlich sind sechs Sea gemeint,[72] die zwei Epha entsprechen, also die doppelte Menge des Ernteertrags von Kap. 2. Erklärt wird diese Gabe nicht,[73] vielmehr beeilt sich Boas, zur Stadt zurückzukehren. Im Kontext der vorigen Sätze muss die Gabe dazu dienen, Ruth weiterhin unerkannt zu lassen. Mit einem Sack von 40 kg auf dem Rücken könnte ein zufällig Vorüberkommender Ruth für eine Arbeiterin (oder einen Arbeiter) halten, die abtransportiert, was Boas geworfelt hat. Mit diesem hastigen Abschied schließt die Szene.

3, 16–18: Naomi und Ruth

16. Und da kam sie zu ihrer Schwiegermutter. Und da sprach die: „Wer bist du, meine Tochter?" Da verkündete sie ihr alles, was der Mann ihr getan hatte. **17.** Und sie sprach: „Diese sechs (Maß) Gerste hat er mir gegeben, denn er sprach: ,Du sollt nicht leer zu deiner Schwiegermutter kommen!'"
18. Und da sprach sie (=*Naomi*): „Bleib hier, meine Tochter, bis du erkennst, wie die Sache ausfällt. Denn der Mann wird nicht ruhen, bis er noch heute diese Sache vollendet hat!"

Die Schlussszene enthält einen Rückblick (Vv. 16–17) und eine Vorausschau (V. 18) und verklammert so Kap. 3 und 4.

V. 16 lässt Ruth bei Naomi ankommen. Diese reagiert erneut (vgl. 2, 18), auf das, was sie sieht. Die Frage „Wer bist du?" echot V. 9 und bestätigt die Publikumsvermutung nach dem vorigen Vers: Mit ihrer Last auf dem Rücken ist Ruth erst einmal nicht zu erkennen. Sie berichtet dann aber die Ereignisse auf der Tenne, ohne Boas namentlich zu nennen. Er erscheint nur als „der

---

[70] Fischer, 218.
[71] Dieses Kleidungsstück ist begrifflich von Ruths Gewand unterschieden, kann also auch nicht zu Stützung der Annahme dienen dass Ruth sich auf der Tenne ausgezogen hätte (so K. Nielsen, Choix, 201 ff.).
[72] Zakovitch, 146.
[73] Diese Lücke hat die Einfügung von TgRu 3, 15 motiviert.

Mann", wie Ruth vorher „eine Frau" war und auch Naomi schon 1, 5 nur „die Frau". In einer solchen sprachlichen Reduktion auf die pure Existenz als Mann oder Frau werden im Ruthbuch Rollen neu zugewiesen. Ruth und Boas sind Mann und Frau geworden, ganz gleichgültig, was wirklich passiert ist. Darauf weist auch Ruths Bericht, der darauf abhebt, was der Mann getan, nicht, was er gesagt hat.

17   *V. 17* verlängert diese Perspektive auf Ruth und Boas als Paar. Ruth erläutert den Zweck der Gerste, die Boas ihr gegeben hatte und zitiert eine Erklärung des Boas, die das Publikum nicht gehört hat. Die Gerste ist – angeblich – eine Gabe für Naomi. Das Stichwort „geben" lässt aufhorchen. Es markiert im Ruthbuch die Schnittstelle zwischen göttlichem und menschlichem Handeln (1, 7; 2, 18). Auch Boas' Gabe repräsentiert damit etwas, das in letzter Konsequenz eine Gabe Gottes ist. Indem hier eine nicht nachprüfbare Rede des Boas zitiert wird, transportiert die Gerste gewissermaßen eine verschlüsselte Botschaft an von ihm an Naomi. Ruth soll nicht „leer" (*rēqām*) zu ihrer Schwiegermutter kommen. Das ist das Stichwort der Klage Naomi um ihre Kinderlosigkeit und den Verlust ihres Mannes aus 1, 20–21. Diese Leere wird jetzt gefüllt. Das kann entweder darauf verweisen, dass es doch zu der Schwangerschaft Ruths gekommen ist, die Naomi möglicherweise herbeiführen wollte. Oder diese Gerste ist der Brautpreis, den Boas an Naomi als „Mutter" Ruths zahlt. Damit hätte er Naomi als vorläufiges Oberhaupt der Familie Elimelechs anerkannt und schafft die Voraussetzungen für Kap. 4.

18   In *V. 18* deutet sich an, dass alles, was sich in diesem Kapitel im Privaten vollzogen wurde, sich demnächst in aller Öffentlichkeit endgültig klären wird.

4, 1–12: Tor

1. Boas aber war hinaufgegangen zum Tor, und er setzte sich dort hin. Und siehe da – der Löser, von dem Boas geredet hatte, ging gerade vorüber. Da sprach er: „Dreh um, setz dich hierher, Sowieso!" Und der drehte um und setzte sich. **2.** Dann nahm Boas zehn Männer von den Ältesten der Stadt und sprach: „Setzt euch hierher!" Und sie setzten sich. **3.** Dann sprach Boas zu dem Löser: „Das Ackerstück, das unserem Bruder Elimelech gehört hat, verkauft Naomi hiermit, die aus dem Gefild Moabs zurückgekehrt ist. **4.** Ich aber habe mir gedacht, ich will deinen Ohren folgendes offenbaren: Erwirb (es) vor denen, die hier sitzen und vor den Ältesten meines Volkes. Wenn du lösen willst, löse! Wenn du[1] aber nicht lösen willst, dann verkünde es mir, und ich werde es wissen. Denn außer dir gibt es keinen, der lösen könnte – ich aber komme nach dir." Und da sprach er: „Ja, ich will lösen!". **5.** Da sprach Boas: „An dem Tag, an dem du das Feld erwirbst aus der Hand Naomis, erwirbst du[2] auch Ruth[3], die Moabiterin, die Frau des Toten, um aufzurichten den Namen des Toten auf seinem Erbteil." **6.** Da sprach der Löser: „Ich kann nicht für mich lösen, damit ich nicht mein Erbteil schädige. Löse du für mich meine Lösung, denn ich kann nicht lösen." **7.** *Und dies war früher Brauch in Israel bei der Lösung und beim Tauschgeschäft: Ein Mann zog seinen Schuh aus und gab ihn seinem Nächsten. Und dies war die Bezeugung in Israel.* **8.** Dann sprach der Löser zu Boas: „Erwirb für dich!" Und er zog seinen Schuh aus.

9. Da sprach Boas zu den Ältesten und zum ganzen Volk: „Zeugen seid ihr heute, dass ich erworben alles habe, was Elimelech gehört hat, und alles, was Kiljon und Maḥlon gehört hat, aus der Hand Naomis. **10.** Und auch Ruth, die Moabiterin, die Frau des Maḥlon erwerbe ich hiermit zur Frau, um aufzurichten den Namen des Toten auf seinem Erbteil, *und es soll nicht ausgerottet werden der Name des Toten aus dem Tor seiner Brüder und aus dem Tor seines Ortes.* Zeugen seid ihr heute!" **11.** Und das ganze Volk, das im Tor war, und die Ältesten sprachen. „Zeugen! Es gebe JHWH, dass die Frau, die in den Haus kommt, werden möge wie Rahel und Lea, die zwei[4], die das Haus Israel bauten! Schaffe Kraft in Ephrata und gerufen werde dein Name in Bethlehem! **12.** *Und es sei dein Haus wie das Haus des Perez, den Tamar dem Juda gebar, vom Samen, den JHWH dir geben möge von dieser jungen Frau!"*

---

[1] MT hat 3. Masc. Sg., es handelt sich um einen Schreibfehler.
[2] Qere.
[3] MT: *Me'æt*, Verschreibung aus vorangehendem *Mijad*.
[4] Wie 1, 9. 11. 13. 19 a.

4, 1–12 gliedert sich in eine narrative Einleitung (Vv. 1–2) und einen zweitei-
ligen Dialog (Vv. 3–8: Boas und der Löser; Vv. 9–12: Boas und die Zeugen).
Die Verhandlung spielt sich „im Tor" ab, also im öffentlichen und für offizielle Zwecke bestimmten Raum der Stadt Bethlehem.

Exkurs: Esr 9–10 als literarische Vorlage für Ru 4, 1–12

In den ummauerten Städten Syrien-Palästinas ist das Stadttor[5] der einzige Zugang zur
Stadt. Jerusalem hatte mehrere Tore. Die bauliche Gestaltung der Stadttore ist abhängig von der Größe und Bedeutung der Stadt. Die großen Städte der frühen Eisenzeit,
etwa Gezer und Megiddo hatten große Toranlagen, die Innen- und Außenmauer miteinander verbanden und zu hallenartigen Bauwerken mit einzelnen Nischen (Kam-
mern) ausgebaut waren. Im wesentlich kleineren Bethlehem war auch die Toranlage
weniger aufwendig, vielleicht gab es auch keine echte Anlage, sondern das Tor öffnete
sich stadtseitig gleich auf einen Platz.

Das Stadttor hat im biblischen Israel dieselbe Funktion wie die griechische Agora
oder das römische Forum: Es ist Gerichtsort, Handelsplatz und Ort der städtischen
Selbstverwaltung.[6] Vor allem in exilisch-nachexilischer Zeit wird das Tor zum Ort
der substaatlichen (Selbst-) Verwaltung.[7] Sie ist ausschließlich Männersache. Basis
der Rechts- und Verwaltungsfragen ist die Tora, wobei vor allem das deuteronomische
Gesetz die Kompetenzen der Ältesten – als Schiedsrichter – regelt.[8] Dabei ist in den
späteren Partien des Dtn vorausgesetzt, dass auch scheinbar private Angelegenheiten
eine Relevanz für ganz Israel haben[9].

Als literarisches Vorbild und als thematischer Bezugspunkt für Ru 4 dient Esr 9–10.
Die Frage nach den Fremdehen wird dort im Rahmen einer Torverhandlung auf Basis
der Tora gemeinsam von Esra, Volk und Ältesten geregelt. Dabei sind die Voraussetzungen begrifflicher Natur vor allem in Kap. 1 geschaffen: Der Terminus für die Eheschließung ist in beiden Fällen das wenig gebräuchliche *nāśa'* (Esr 9, 2. 12; Ru 1, 4),
„Frauen holen". Ruth selbst macht in 2, 10 auf ihren Status als „Ausländerin" aufmerksam und echot somit das Thema der Ausländerinnen Esr 10, 2. 10. 14. Dass
sie sich selbst allenfalls durch den Tod von Naomi trennen lassen will (1, 17), ist ein
sachlicher Reflex auf das Trennungsgebot Esr 10, 3. 11.

Es wären zwei weitere Bezüge des Ruth- zum Esrabuch zu erwägen. Ru 1, 3. 5
macht *šā'ar* Nif. zum Leitwort der Exposition und lässt sich mit dem Restgedanken
Esr 9, 8. 15 verbinden. Ein weiterer möglicher Bezug liegt in Esr 2. Vv. 59–62 nennen
drei Priestergeschlechter, die durch ihre unklare Herkunft einschließlich einer Fremdehe „verunreinigt" (*gā'al* II) sind und daher vorläufig vom Priesterdienst ausgeschlossen werden. Zwar sind *gā'al* I und *gā'al* II lexikalisch nicht miteinander verwandt,[10]

---

[5] Vgl. zum gesamtorientalischen Befund Z. Herzog, Das Stadttor in Israel und in den Nach-
barländern, Mainz 1986.

[6] Belege bei Zenger, 78 f.

[7] F. Crüsemann, Die Tora. Theologie und Sozialgeschichte des alttestamentlichen Gesetzes,
Gütersloh ³2005, 101–110.

[8] S. Gertz, Gerichtsorganisation, 173–223.

[9] Ders., A.a.O., 207.

[10] J.J. Stamm, THAT I, 383.

denkbar ist aber, dass die Idee der Verunreinigung Israels durch Fremde (*gāʾal* II) die Anwendung des Löseinstituts im Ruthbuch (*gāʾal* I) angestoßen hat. Die Anwendung der Lösung auf die Situation von Ruth und Naomi ist im Ruthbuch durchaus überraschend und liegt eigentlich nicht auf der Hand. Reinheit spielt auch in der Debatte um die Ehen in Esr 9–10 eine nicht unerhebliche Rolle.

Den vorbildhaften Vorgang von Esr 9–10 hat Ru 4 den Bedingungen seiner Erzählung angepasst.

Nach dem langen Textabschnitt 2, 18 b–3, 18 schildert 4, 1–12 jetzt wieder eine öffentliche Szene, in der zum ersten Mal seit 1, 19–21 viele zu Wort kommen. Der hauptsächliche Dialog vollzieht sich wie gewohnt zwischen zwei Personen, Boas und dem Löser. 4, 1–12 ist gekennzeichnet durch die vollständige Abwesenheit von Frauen, die allenfalls im Volk (Vv. 9. 11) mit-gemeint sind. Auch Ruth und Naomi treten hier nicht auf, sind aber Gegenstand der Dialoge: Es wird in ihrer Abwesenheit über sie verhandelt. Dass sich die Entscheidung über Naomis und Ruths Zukunft ohne sie vollzieht, ist einer der letzten überraschenden Kontraste des Ruthbuches. Dieser Öffentlichkeit ist aber in der Privatheit des vorigen Kapitels vorgearbeitet worden, und diese Öffentlichkeit ist für die Lösung essentiell.

Das Hauptleitwort der Torszene ist *gāʾal*, „lösen", das hier in den Rechtsvorgang der tatsächlichen Lösung umgesetzt wird. Indes kann keine von den Lösevorschriften des AT[11] mit Ru 4 zur Deckung gebracht werden, doch seit Kap. 3 steht die rechtliche Lösung ohnehin unter dem Horizont einer viel weiter gehenden Erlösung.

4, 1–12 hat mehrere Fortschreibungen erfahren. Vv. 7 ist eine ätiologische Glosse, die den Akt von V. 8 erklären will. V. 10 aβ vervollständigt das Zitat von Dtn 25. V. 12 stellt den gesamten Vorgang unter einen heilsgeschichtlich orientierten Horizont.

V. 1 beginnt mit einem invertierten Verbalsatz, der die Umstände der nach- 1 folgenden Handlung angibt. Er knüpft über 3, 16–18 hinweg an 3, 15 an: Boas war sofort nach dem Abschied von der Tenne weggegangen und hatte sich am Tor hingesetzt. D. h. 4, 1–2 vollzieht sich in direktem Anschluss an Kap. 3. Boas geht noch in der Morgendämmerung zum Tor, um dort den Löser abzupassen. Dadurch ist 4, 1–12 aber auch mit 3, 16–18 gleichzeitig. Wie Naomi ankündigt, nimmt sich Boas unverzüglich der Sache an. Das Parallelhandeln Ruths und Boas' wird wie in 3,7 heraufbeschworen. Während Ruth bei Naomi sitzt und auf den Ausgang der Sache wartet, sitzt Boas am Tor und wartet auf den Löser. Als der Löser ankommt (vgl. 2, 4), unterstreicht das Attribut, dass Boas wirklich genau das ausführen wird, was er angekündigt hat.

Dementsprechend schnell holt er den Löser herbei. „Dreh um" verlangt von dem Löser, dass er sofort sein Tagewerk unterbricht, zu dem er unter-

---

[11] Lev 25, 23–34. 47–55; Num 35, 12. 19–27; Dtn 19, 6,12; Jos 20, 2. 5. 9.

wegs ist. Boas spricht ihn mit einem Namen an, der keiner ist: *Pelonī 'almonī*, sonst nur von Orten (1 Sam 21, 3; 2 Kön 6, 8), also etwa „Dingsda". Diese fast despektierliche Namengebung deutet an, dass er die Lösung nicht vornehmen wird – was Boas ja 3, 12 auch bereits antizipiert hatte.

2   Von *V. 2* an wird das Erzähltempo wieder verlangsamt. Nachdem Boas den Löser fast rüde veranlasst hatte, alles stehen und liegen zu lassen, holt er nun erst einmal die zehn Ältesten herbei. In den Rechtsbestimmungen zu Torverhandlungen ist nie angegeben, wie viele Männer anwesend sein müssen. Zehn als Zahl der Vollständigkeit ist aber bis heute im Judentum eine beschlussfähige Gruppe. Auch diese Zehn werden erst herbeigeholt, zum Setzen aufgefordert und setzen sich dann hin; angesichts der bei Naomi sitzenden Ruth wird das Tempo fast quälend langsam.

3   In *V. 3* spricht Boas den Löser an. Auch jetzt kommt er nicht sofort zur Sache, sondern formuliert ausgesprochen umständlich – ein fast ironischer Kontrast zum autoritären Feldbesitzer von Kap. 2 und zu Naomis Ankündigung 3, 18. Er beginnt mit einer Schilderung des Sachverhalts. Das Feldstück (vgl. 2, 3), das Elimelech gehört hat, hat Naomi verkauft oder will es verkaufen.[12]

An dieser Stelle liegt eine der größten erzählerischen Leerstellen des Ruthbuches. Von einem Grundstück Naomis war bisher nie die Rede, es würde sich auch mit Ruths Nachlese stoßen. Außerdem ist unklar, ob kinderlose Witwen überhaupt über Grund verfügen konnten, die Vorschriften des Pentateuch äußern sich dazu nicht.[13] Hinzu kommt die sprachliche Unklarheit bezüglich des Aktes. Wenn Naomi schon verkauft hat, dann wäre die Gerste aus Kap. 3 der nächstliegende Bezug, Boas müsste dann sich nachträglich die offene Zustimmung zu dem Löse-Verkauf holen. Falls sie erst verkaufen will, ist am wahrscheinlichsten, dass Naomi ihr Recht zum Rückkauf am Familienfeld abgibt, das Elimelech vor seiner Auswanderung an einen anderen verkauft oder zur Nutzung abgetreten hatte.[14] Selbst dann ist die Lösung des Problems unter sozialgeschichtlicher Perspektive immer noch nicht ganz glatt, denn dann hätte Naomi Ruth in Kap. 2 besser gezielt auf das ehemalige Familienfeld schicken müssen und Ruth nicht einfach irgendwo hingehen lassen.

Entscheidend für die Textdramaturgie ist indes lediglich, dass eine Situation herbeigeführt werden muss, auf die das Löseinstitut anwendbar ist. Dass es um diese geht, zeigt die Formulierung „unser Bruder Elimelech", die gezielt Lev 25, 25 zitiert. Dass dies um den Preis einer narrativen Inkonsistenz geschieht, weist darauf hin, dass hier die Lösung um der Geschichte willen eingebracht wird, nicht umgekehrt. Auch die Anpassung des restlichen Vokabulars an die Erfordernisse des Ruthbuchs deutet in diese Richtung.[15]

---

[12] Das Perfekt kann vergangenheitlich oder deklarativ aufgefasst werden.

[13] Diskussion bei E. Bons, Konnte eine Witwe die *naḥᵃlāh* ihres verstorbenen Mannes erben?: ZAR 4 (1998), 197–208.

[14] Sakenfeld, 71; Fischer, 236.

[15] Fischer, 236 f.

Den Vorschlag zur Lösung leitet Boas in *V. 4* ebenso vorsichtig wie um-   4
ständlich ein. Falls hier nicht taktisch motivierte Verhandlungssprache wiedergegeben wird, müsste man Boas' Einleitung in etwa „Und da dachte ich,
ich könnte dir ja mal vorschlagen …" paraphrasieren, ein Indiz dafür, dass er
sich rechtlich auf dünnem Eis bewegt. Der tatsächliche Vorschlag ist dann der
einer finanziellen Transaktion: Der Löser soll kaufen (*qānāh*). Damit ist klar,
dass die mehr oder weniger torakonforme Lösung nur das Gewand für einen
ganz anderen Vorgang ist. In Lev kommt *qānāh* im tatsächlichen Lösevor-
gang nicht vor, steht aber in Ex 15, 13. 16; Ps 74, 2 in direkter Parallele zu
gā'al, „erlösen" für JHWHs Erlösung Israels[16]. Auch Jes 43, 1–4 beschreibt
Erlösung in den Termini des Verkaufs. Boas hat also Er-Lösung im Blick und
zwar Naomis. Ihre Rückkehr aus Moab soll endgültig zu einer Heimkehr
werden, die vollendet, was JHWHs Brotgabe 1, 6 begann.

Hat Boas derart dem Publikum deutlich gemacht, was seine Lösung eigentlich bezweckt, kann er daraufhin den Lösevorschlag formulieren. Dieser
hämmert das Lösen mit vier Wiederholungen geradezu ein, was die Bedeutung des Vorgangs ebenso betont, wie es die Spannung steigert.

Umso verblüffender kommt die Antwort des Anderen: Ja, ich will lösen.[17]
Hier liegt eine ungeheure Pointe des Kapitels. Seit 3, 13 wird das Publikum
emotional darauf vorbereitet, dass der andere Löser ablehnen wird, jetzt sagt
er zu, und zwar mit ganzer Emphase[18].

Übergangslos bringt Boas in *V. 5* seine Zusatzbedingung auf den Tisch: Mit   5
dem Erwerb des Feldes geht der Erwerb der Moabiterin Ruth einher, damit
der Name des Toten erhalten bleibt. Boas bringt also – mit ausdrücklichem
Zitat von Dtn 25, 5. 6 – den Levirat ins Spiel.

Exkurs: Der Levirat[19]

Die Leviratsvorschrift lautet in Dtn 25, 5–10[20] folgendermaßen:
5 Wenn Brüder zusammen wohnen und einer von ihnen stirbt und hat keinen Sohn,
dann soll die Frau des Verstorbenen nicht auswärts einem fremden Mann angehören. Ihr Schwager soll zu ihr eingehen und sie sich zur Frau nehmen und mit ihr
die Schwagerehe (Levirat) vollziehen. 6 Und es soll geschehen: Der Erstgeborene,
den sie *dann* gebiert, soll den Namen seines Verstorbenen aufrichten, damit dessen
Name aus Israel nicht ausgelöscht wird. 7 Wenn es aber dem Mann nicht gefällt,
seine Schwägerin zu nehmen, dann soll seine Schwägerin ins Tor hinaufgehen zu
den Ältesten und soll sagen: „Mein Schwager weigert sich, seinem Bruder den
Namen in Israel aufzurichten; er will die Schwagerehe mit mir nicht eingehen!"
8 Und die Ältesten seiner Stadt sollen ihn rufen und mit ihm reden. Doch stellt er

---

[16] Vgl. auch Frevel, 132 f.
[17] Mit betontem Personalpronomen: „Ich, ja ich".
[18] Vgl. sehr schön auch Fischer, 238.
[19] Forschungsüberblick bei Fischer, 49–52.
[20] Literarhistorische Analyse bei Gertz, Gerichtsorganisation, 193–196.

sich dann hin und sagt: „Es gefällt mir nicht, sie zu nehmen", 9 dann soll seine Schwägerin vor den Augen der Ältesten zu ihm hintreten und ihm den Schuh von seinem Fuß abziehen und ihm ins Gesicht spucken. Und sie soll antworten und sagen: „So soll dem Mann geschehen, der das Haus seines Bruders nicht bauen will!" 10 Und sein Name soll in Israel heißen „Haus des Barfüßers".

Der Levirat ist eine gemeinorientalische Institution, die kulturspezifisch variabel ist.[21] Es liegen keine atl. Berichte über eine Durchführung eines regulären Levirats vor, so dass bis heute vieles unklar ist: Handelt es sich um eine Zeugungsgemeinschaft oder eine Ehe, dient der Levirat der Witwenversorgung oder dem Erbrecht? Soviel ist jedoch klar: Die Leviratsvorschrift macht deutlich, dass Brüder vom Tod ihres Bruders nicht profitieren können, verhindert also Bodenkonzentration in einer Hand und berührt sich darin mit der Funktion der Lösung.

Unabhängig von der Frage, in welchem Umfang der Levirat in Israel je angewandt wurde, war er theoretisch offensichtlich eine problematische Konstruktion. Schon die Vorschrift selbst hebt stärker auf den verweigerten Levirat ab als auf die korrekte Durchführung. Gen 38 – als verwandter narrativer Text – setzt ebenfalls bei einem verweigerten Levirat an und plädiert für die – offensichtlich zusätzlich umstrittene – Aufnahme ausländischer Frauen in den Levirat.[22] Lev 18, 16; 20, 21 sind als Gegenreaktion zu Dtn 25 formuliert.[23]

Auffallend in Dtn 25 ist die Einbeziehung der Frau. Der Levirat dient auch ihrem Interesse, und sie ist bei Verweigerung zum Handeln aufgerufen. Damit wird ein möglicherweise älterer familienrechtlicher Vorgang zu einer gesamtisraelitischen Angelegenheit, die nicht zuletzt auch umgekehrte Fremdehen verhindern soll.[24] Hier setzt Ru 4 an.

Die Konstellation von Ru 4 entspricht von vornherein nicht den Bedingungen von Dtn 25: Die Brüder, die ohnehin keine sind, haben nie beieinander gewohnt, der Übergang der Witwe zu ihrem Schwager ist kein Erwerb. Wie schon in Kap. 2 legt Boas das Gesetz also außerordentlich großzügig aus, um dessen eigentlichen Zweck zu erfüllen: Israel als Ganzes am Leben zu erhalten. Das schärft das explizite Zitat von Dtn 25, 6 ein. Mit dem Stichwort *qānāh*, „erwerben" verbindet Boas die Lösung und den Levirat zu einem Gesamtkonzept, das den Erwerb Israels durch JHWH abbildet (vgl. Ps 78, 54)[25]. Ruth, die Moabiterin, die in Moab in diese Gemeinschaft eingetreten ist, muss dieser Gemeinschaft erhalten bleiben, damit sie nicht in die Fremde (zurück) muss und der Name ihrer Angehörigen in Israel nicht ausstirbt. Ruths „Erwerb" sichert also die Kontinuität der Liebe zu den Lebenden und den Toten (1, 8). Dass der Name des Toten zwar als schützenswertes Gut be-

---

[21] E. Otto, Biblische Altersversorgung im altorientalischen Rechtsvergleich: ZAR 1 (1995), 83–110.

[22] Vgl. T. Krüger, Genesis 38 – ein „Lehrstück" alttestamentlicher Ethik, in: R. Bartelmus u. a. (Hg.), Konsequente Traditionsgeschichte. FS K. Baltzer, Fribourg/Göttingen 1993 (OBO 126), 205–226.

[23] Braulik, Deuteronomium, 119.

[24] Vgl. Gertz, Gerichtsorganisation, 207. 222–226.

[25] *Qānāh* schließt auch die letzte mögliche Option aus, dass Ruth als Sklavin behandelt wird: Sie ist dadurch freigekauft.

schworen wird, aber nicht konkret genannt, zeigt zusätzlich, dass es hier ums
Ganze geht: Die Rückführung aller Israeliten – auch der Toten – auf ihren
Erbbesitz.

Wenn der andere Löser diesen Zusammenhang begreift, wird sich erfüllen,
was 3, 13 angekündigt hatte. Es wird eine (Er-)Lösung im Vollsinne sein, die
gut ist. Boas hatte aber bereits an derselben Stelle schon antizipiert, dass das
nicht der Fall sein würde. „Wenn es ihm nicht gefällt" (Dtn 25, 7) wies darauf
voraus, dass der Löser die zweite Bedingung nicht einhalten würde.

Dieser Fall tritt in V. 6 dann auch tatsächlich ein. Der Löser lehnt ab, weil   6
die Übernahme Ruths seine eigenes Erbteil schädigen würde. Offenbar
drückt der Löser aus, dass er nach dem Leviratsvollzug mit Ruth zusammen
bleiben wird, weitere Kinder aber seine eigene Erbregelung erschweren würden. Möglicherweise ist damit angedeutet, dass er gegen die Regelung von
Dtn 21, 25–17 verstößt, in jedem Fall aber hat er sich disqualifiziert, weil er
um seiner eigenen (hypothetischen) Interessen willen das Interesse Gesamt-
israels vernachlässigt. Dass dies demzufolge auch keine Lösung sein kann,
betont sein Satz auch in seiner formalen Gestalt (*lō' 'ûkal lig'āl-lī … ge'al-
lekā 'attāh 'æt-ge'ullātī kī lō' 'ûkal lig'ol*).

V. 8 lässt den Vorgang auch seitens des Lösers des Lösers wieder zu einem   8
Erwerb werden, macht die Dimension aber mit einer narrativen Anspielung
auf Dtn 25 deutlich. Der Löser zieht seinen Schuh aus. Er komprimiert damit
den Akt der öffentlichen Beschämung (Dtn 25, 9 f.) zu einem Akt der Selbst-
beschämung, ohne dass es zum Anspucken kommt. Das ist in Ru 4, 8 kein
Ritus, sondern ein textdramaturgisch motivierter Hinweis auf das „Versa-
gen" des namenlosen Lösers. Erst der Nachtrag von V. 7 hat hieraus einen
rechtskräftigen Verkauf gemacht.

LXX ergänzt in 3, 8 unter Einfluss von V. 7 „und gab ihn ihm". Außerdem wird in der
LXX der ganze Vorgang zu einer Übertragung von Erbrechten. Der Löser spricht:
„Erwirb für dich meine Lösung".

Für *gā'al*, verwendet LXX konsequent den rein juristischen Terminus *anchisteúo*,
der die Erbfolge innerhalb der Verwandtschaft kennzeichnet. Die theologische
Dimension von *gā'al*, „erlösen" bezeichnet die LXX hingegen mit *lytrómai/rhysomai*
(Jes 41, 14; 43, 14; 44, 6. 24; 47, 4; 48, 17; 49, 7. 26; 54, 5). In LXXRuth geht somit die
gegenseitige Verschränkung von „Lösen" und „Erlösen" verloren und dem griechischen Ruthbuch fehlt auf diesem Wege ein wichtiger theologischer Aspekt. Lösung
und Levirat treten hier auseinander, aber immerhin weist auch in Ru 4LXX das „Erwerben" in dieselben theologischen Kontexte wie der hebräische Text.

Die Diastase von Levirat und Lösung hat Josephus auf seine Weise gelöst, indem er
den Vorgang zu einer reinen Erbrechtssache macht, die an der Heirat der Witwe hängt,
m.a.W., indem er den Levirat ins Erbrecht einholt.[26]

---

[26] S. dazu auch J.R. Levison, Josephus's Version of Ruth: JSP 8 (1991), 31–44; C.T. Begg,
Flavius Josephus. Translation and Commentary. Vol 4: Flavius Josephus Judean Antiquities 5–7,
Leiden/Boston 2005, 85.

JosAnt V,333: [Boas spricht zum Löser]: „Besitzt du das Erbe Abimelechs und seiner Söhne?" Als der bestätigte, dass ihm die Gesetze dies aufgrund seiner nahen Verwandtschaft (*anchisteia*) gewährten, sprach Boas: „Du solltest nicht nur der Hälfte der Gesetze gedenken, sondern alles ihnen gemäß tun. Maalons Frau ist hergekommen: Wenn Du ihre Äcker besitzen willst, musst du sie heiraten gemäß den Gesetzen"

Nur die Heirat der kinderlosen Witwe garantiert also das gesetzeskonforme Erbe. Die entsprechende Prozedur wird dann von Ruth und Boas vor der *Gerousia* durchgeführt.

Josephus bezieht sich hier direkt auf seine Version von Dtn 25 (Ant IV, 254–256).[27] Inwiefern der Levirat jemals so umgesetzt wurde, kann hier auf sich beruhen bleiben, entscheidend ist, dass die Konstruktion des Josephus in sich konsistent ist: Boas (und nur er) führt aus, was das Gesetz des Mose befiehlt.

9 Boas fasst in *V. 9* den Lösevorschlag noch einmal zusammen und präsentiert ihn endgültig als „Erwerb" des gesamten Besitzes Elimelechs, Maḥlons und Kiljons aus der Hand Naomis. Hier kommt sprachlich die ganze Familie wieder zusammen (die beiden Söhne in umgekehrter Reihenfolge). In gedanklicher Anknüpfung an Naomis Rest-Dasein (vgl. 1, 3. 5) gibt sie das Angeld auf das Weiterbestehen ihrer Familie an Boas weiter, zunächst in Form des materiellen Transfers.

10 Der Gedanke wird in *V. 10* in Bezug auf Ruth weitergeführt. Ihr „Erwerb" garantiert das Fortbestehen der Familie auch in personeller Hinsicht. Die eigentliche Zumutung besteht indes in der Formulierung „und auch Ruth, die Moabitern ... erwerbe ich hiermit zur Frau". Damit geht Boas in vollem Bewusstsein und unter Zeugen eine Fremdehe ein, die – in radikaler Umkehrung von Esr 9 – Israel dienlich ist, statt es zu gefährden.

Rechtlich ist der ganze Vorgang somit wasserdicht, wenn auch ungewöhnlich. Die Transaktion des gesamten Besitzes ist (unter dem Horizont, dass es sich um eine Lösung handelt) gemäß den Regelungen von Lev 25 vollzogen worden, die Übernahme Ruths sichert die Rechte ihres Mannes über seinen Tod hinaus. Der Schwerpunkt aber ist und bleibt, dass der Fortbestand Israels im Geiste der Tora gewährleistet bleibt. Das ist Lösung/Erlösung, wie sie sein sollte, und die Fremdehe ist somit exkulpiert.

Im Rahmen dieser ganz auf Esr 9–10 ausgerichteten Argumentation muss Ruth zwangsläufig noch einmal als Moabiterin bezeichnet werden. Erst hier wird auch die Identität ihres Ehemannes preisgegeben: Es war Maḥlon, der als der Erstgeborene eigentlich die besondere Verantwortung für den Fortbestand der Familie trug. Diese will Boas nun wahrnehmen, indem er Ruth zur Frau nimmt.

11 In *V. 11* wird mit dem Ruf „Zeugen" wird die ganze komplexe Konstruktion formell anerkannt.

Dem Zeugenruf schließen sich zwei Glückwünsche an, einer für Ruth und einer für Boas. Der Glückwunsch für Ruth nennt sie nicht beim Namen,

---

[27] J.R. Levison, Version, 38–41.

greift aber auf Naomis ersten Abschiedswunsch zurück (1, 8–9). Statt wie dort ins Haus ihrer Mutter zurückzukehren, um dann im Haus ihres Mannes eine neue Heimat zu finden, soll Ruth nun im Haus des Boas am Bau des „Hauses Israel" mitwirken. Das anerkennt noch einmal ausdrücklich, dass diese Ehe um Israels willen geschlossen wird. „Haus Israels" ist eigentlich der vorexilische Terminus für das Königreich, wird aber exilisch-nachexilisch (vor allem bei Ezechiel) zu einem Begriff für das Volk JHWHs; die Organisation nach „Vaterhäusern" im Esra- und Nehemiabuch ist sachlich Teil dieses Konzepts.[28] In Ru 4, 11 wird die Erinnerung an ganz Israel als genealogisch-familiäre Größe unter Rückbezug auf die Genesis eingefangen. Das Haus Israel geht auf die zwei Frauen Jakob-Israels zurück (Gen 29; 30; 35). Indem Ruth proleptisch mit den beiden Müttern gleichgestellt wird, ist ihre vollständige Integration vollzogen.

Die Identifikation Ruths mit Rahel und Lea ist bis dahin die einzige explizite Einspielung textlich-heilsgeschichtlicher Traditionen im Ruthbuch. Sie ist dadurch besonders auffällig, dass Ruth mit beiden Erzmüttern verglichen wird und diese in umgekehrter Reihenfolge genannt werden. Die explizite Nennung Rahels und Leas dient der Diskussion in der Ehefrage. Rahel und Lea waren – im weitesten Sinne – Ausländerinnen als Töchter eines aramäischen Vaters und wurden trotzdem zu Müttern Israels. Dasselbe soll für Ruth gelten. Der Lohn Ruths, den Boas 2, 12 unter Rückgriff auf die Jakob-Laban-Geschichte verheißen hatte, wird hier zum Lohn Israels. Die zwei Frauen deuten hier bereits an, dass Boas selbst mehrere Abstammungslinien begründet: Elimelechs und seine eigene[29]. Hier wird vorsichtig wieder die Publikumserwartung aktiviert, dass Boas jener Boas ist, der zu den Vorfahren Davids gehört.[30] Die Stellung Rahels vor Lea ist wahrscheinlich der Rahel-Tradition in Bethlehem geschuldet.[31] „Rahel und Lea" sind aber auch der Konkurrenzbegriff zum zeitgenössischen „Juda und Benjamin". Das Haus Israel ist damit erstens mehr als die Bestandteile der persischen Provinz *Yehud*[32] und zweitens hat Juda (als Sohn Leas) damit keinen Vorrang vor Benjamin (als Sohn Rahels).[33] In Umkehrung des Vorgangs von Esr 9, 12–17. 18–44 denunziert also Ru 4, 11 nicht jene bei den Obersten, die das Haus Israel durch eine Fremdehe gefährdet haben, sondern Volk und Oberste erklären diese Ehe für gut und richtig und stellen sie unter den Schutz JHWHs.

---

[28] Vgl. Karrer, Ringen, 73–77. 88–90.

[29] Rudolph, 68 f.

[30] Laut Frevel, 141 ist bereits das „Bauen" ein Verweis auf 2Sam 7, 27. Es könnte sich bei Bau des Hauses Israel jedoch auch um eine tendenziöse Gegenaussage zum Israelbild des Esra-Nehemia-Buches handeln, das die (Wieder-)Geburt Israels an den Tempelbau knüpft, vgl. Willi, Juda, 66–76.

[31] Ebach, Fremde, 297.

[32] Vgl. Willi, Juda, 68 f.; Karrer, Ringen, 83 f.

[33] Vgl. dazu Willi, Juda, 121–164.

Der zweite Wunsch des Volkes richtet sich an Boas und wird konkreter. „Tue Kraft" (*ḥajil*) in Ephrata" ist eine unverblümte Aufforderung an Boas, Kinder zu zeugen. In Anknüpfung an 2, 1 wird hier die sexuelle Konnotation von *ḥajil* betont, was durch Bethlehems Beiname „die Fruchtbare" noch unterstrichen wird. Das erinnert noch einmal daran, dass Ruths Kinderlosigkeit eher auf eine Schwäche ihres Mannes zurückzuführen ist denn auf ihre eigene Unfruchtbarkeit. Boas muss in seiner Verpflichtung nun diese Schwäche ausgleichen. Das Abschlusswort setzt dies fort: Kinder dienen der Erhaltung des Namens (Dtn 25, 7).

4, 1–11 sind der komplexeste Abschnitt des Ruthbuches. Sie führen die Konstellation der Erzählung narrativ konsistent ihrer ersten Lösung zu, etablieren aber eine mehr als ungewöhnliche neue Konstellation, die dem Publikum einiges an Hintergrundwissen und gutem Willen abfordert.

In seiner narrativen Anlage reproduziert Ru 4, 1–11 eine substaatliche Selbstverwaltung des perserzeitlichen *Yehud* aus Volk und Ältesten, die ihre Angelegenheiten toragemäß regelt. Das entspricht dem Verfassungskonzept des Esra-Nehemia-Buches, verzichtet aber auf eine Führungsfigur nach dem Muster Esras oder Nehemias und lässt auch kein Interesse an einer weiteren Segmentierung in Volk einerseits und Priester/Leviten andererseits erkennen[34]. Die Versammlung von Ru 4 agiert fast egalitär, ihr Bezug auf die Tora ist ihr geradezu naturhaft gegeben und muss nicht erst durch Verlesen und Verpflichtung implementiert werden[35]. So artikuliert sich in Ru 4 ein Widerspruch gegen den politischen Verfassungsentwurf des Esra-Nehemia-Buches, ist aber durchaus nicht weniger „theokratisch" als dieser. Im Gegenteil: In der herausverhandelten Lösung Naomis und Ruths bildet sich die Erlösung Israels durch JHWH ab, die mit der Rückkehr aus dem Exil begann, ihr Vorbild im Exodus hat und der Durchsetzung der universalen königlichen Herrschaft JHWHs dient. Die betonte Erwähnung Elimelechs, dessen Anspruch hier verwirklicht wird, unterstreicht das noch einmal deutlich. Was Ru 4 ablehnt, ist eine Hierokratie nach dem Muster Esra-Nehemias. Außerdem lässt das Buch keine Zu- oder Unterordnung unter die persische Großmacht erkennen.[36]

Die Ehefrage ist nur ein Teil des Ringens um die Identität Israels, aber ein besonders sensibler, weil sie den persönlichsten Lebensbereich betrifft. In deutlicher Frontstellung gegen eine Definition der Fremden als Unreine und Ausländer[37] ist die Moabiterin Ruth zwar ethnisch fremd, aber durch Heirat und Rückkehr Teil Israels und damit der Lösung/Erlösung genau so bedürftig und würdig wie geborene Israeliten.

---

[34] S. dazu Karrer, Ringen, 363–378.
[35] S. dazu Karrer, Ringen, 367 f.
[36] Vgl. Willi, Juda, 41 ff.; Karrer, Ringen, 196–199.
[37] Karrer, Ringen, 154–161; 267–275.

Was daher konkret juristisch zwar wasserdicht, aber wenig belastbar ist –
die Lösung ist keine Lösung, der Levirat ist kein Levirat und alles wird nur
durch die Zustimmung des Volkes getragen – ist theologisch völlig stimmig
und kann sich im Detail sehr viel mehr auf konkrete Tora-Vorschriften beru-
fen als die Auflösung der Fremdehen in Esr 9–10[38]. Die Verbindung von Levirat (Dtn 25) und Lösung (Lev 25) ist denn auch darauf abgestellt, die ganze
Tora umzusetzen und wird mit dem Verweis auf Rahel und Lea an ihren Beginn in den Eltern Israels zurückgeführt.

Die Szene schließt mit der Aufforderung an Boas, dieser Verbindung in
Kindern eine von JHWH gesegnete Zukunft zu schaffen.

V. 7 unterbricht den Erzählzusammenhang durch einen metakommunikati-   7
ven Satz. Aus dem Jetzt und Hier der Erzählkommunikation heraus macht er
eine Aussage über das „Früher". Erklärt wird das Ausziehen des Schuhs von
V. 8. Die auf sich selbst applizierte Demütigung des Lösers wird als allgemeiner Ritus im Zusammenhang mit Lösung und Tausch erklärt. Es handelt sich
um eine schriftgelehrte Glosse, die von Lev 27, 13. 33 inspiriert ist. Sie will
den scheinbaren Widerspruch zwischen Dtn 25, 9–10 und Ru 4, 8 ausgleichen.

V. 10 aβ vervollständigt sinngemäß das Zitat von Dtn 25, 6 mit *kārat* statt   10 aβ
māḥāh für „auslöschen" und *māqōm* statt *ʿir* für „Stadt". Damit wird sowohl
die formale Ausrichtung der Aussage (wörtliches Zitat) als auch ihre sachliche
Spitze (Israelbezug) in ihr Gegenteil verkehrt. Das kann kaum ein Fehler des
Grundentwurfs sein, als gezielte Aussage ist es unerklärlich. Es handelt sich
daher um eine etwas unbeholfene Glosse, die den Rückbezug auf Dtn 25 ver-
stärken will.[39]

In *V. 12* sind die Glückwünsche der Torversammlung um einen weiteren   12
ergänzt worden. Er entspricht sprachlich nicht dem Duktus des Grundentwurfs, obwohl er dessen Begrifflichkeit aufnimmt. Zu erwarten wäre ein er-
neutes „JHWH gebe" am Anfang, Ruth wird seit 3, 8 nicht mehr als „junge
Frau", sondern als „Frau" bezeichnet. Das Bauen des Hauses Israel ist in
3, 11 auf das Volk JHWHs zugespitzt, hier wird es dynastisch-genealogisch
verwendet[40]. Der Satz ist eigenartig holperig, was dem Stil des Ruthbuches
durchaus nicht entspricht: Der Wunsch gilt dem Haus des Boas über die aus
Ruth dem Boas von JHWH gegebene Nachkommenschaft[41]. Sowohl stilis-
tisch als auch inhaltlich fügt sich V. 12 damit nicht bruchlos hinter V. 11. Vielmehr soll hier der ungewöhnliche Levirat von Ru 4 unter Verweis auf Gen 38
dem Segen JHWHs unterstellt werden. Die Angleichung Ruths an Rahel und
Lea motiviert diese Weiterführung. Der Satz ist eine eigenständige Fortschreibung (unabhängig von 4, 18–22), die die Juda-Perez-David-Genealogie

---

[38] Japhet, Expulsion, 142–144.
[39] Vgl. ähnlich Braulik, Deuteronomium, 124.
[40] Zenger, 11.
[41] Zenger, 95.

unter Einebnung ihrer familiengeschichtlichen Brüche glätten will und gehört damit in denselben Horizont wie 1, 2 bβ. Erst mit diesem Zusatz wird Gen 38 wirklich zum Bezugstext für das Ruthbuch.[42]

Ruth 4, 13–17: Naomi und die Frauen von Bethlehem

13. Und da nahm Boas Ruth, und sie wurde seine Frau. Und er kam zu ihr, und JHWH gab ihr Schwangerschaft, und sie gebar einen Sohn.
14. Du da sprachen die Frauen zu Naomi: „Gepriesen sei JHWH, der es dir nicht hat fehlen lassen an einem Löser heute, und man rufe seinen Namen in Israel! **15.** Und er soll es sein, der dir deine Lebenskraft zurückbringt und dein Alter versorgt. Denn deine Schwiegertochter, die dich liebt, hat ihn geboren, sie, die besser für dich ist als sieben Söhne!" **16.** Und da nahm Naomi das Kind und legte es an ihre Brust. Und sie wurde ihm zur Pflegerin. **17.** Und die Bewohnerinnen riefen ihn beim Namen folgendermaßen: „Geboren ist ein Sohn für Naomi!"
Und sie nannten seinen Namen Obed. Er ist der Vater Isais, des Vaters Davids.

4, 13–17 bildet den ursprünglichen Schluss des Ruthbuches. Diese Schlussszene enthält eine narrative Einleitung (V. 13) und eine Schilderung des weiteren Schicksals Obeds, die teils aus Erzählung, teils aus wörtlicher Rede besteht (Vv. 14–17). Sie ist weder räumlich noch zeitlich verankert, ihre Hauptakteurinnen sind „die Frauen". Damit wird die männerzentrierte öffentliche Torszene durch eine frauenzentrierte Szene ergänzt, die genauso öffentlich ist. Sie schließt die Erzählung ab. „Gebären" (*jālad*: Vv. 13. 15. 16. 17) und „Name" (Vv. 14. 17) sind die Hauptleitworte dieser Szene. Mit letzterem schließt sie an die vorige Szene an, das erste greift auf Kap. 1 zurück.

13   *V. 13* bildet den Übergang von der Tor- zur Schlussszene. Ankündigungsgemäß heiratet Boas Ruth. In der Parallelformulierung mit männlichem und weiblichem Subjekt wird mit allem Nachdruck betont, dass es sich um eine vollständig reguläre Eheschließung handelt. Weder „erwirbt" Boas Ruth (4, 9) noch „holt" er sie (1, 4), sondern er „nimmt" sie, wie es der übliche Terminus ist. Die Parallelformulierung verweist auf Ruths Einwilligung und unterstreicht, dass Ruth wirklich Frau und nicht Konkubine geworden ist.[43] Ruth kehrt damit in den Horizont einer patriarchalen Ehe zurück, doch die Aufweichung der Geschlechterrollen ist damit noch nicht beendet.

---

[42] Für den Grundentwurf des Ruthbuches sind wesentlich mehr die Unterschiede zu Gen 38 zu berücksichtigen (s. Zakovitch, 53 f.; Gertz, Gerichtsorganisation, 203 f.) als die Gemeinsamkeiten (E. v. Wolde, Texts, 1–28; Braulik, Deuteronomium, 121 f.).
[43] Zakovitch, 168.

Ganz eindeutig und mit der gebräuchlichen Formulierung „er kam zu ihr" (vgl. Gen 6, 4; Dtn 22, 1 u. ö.) wird gesagt, dass Boas nun wirklich mit Ruth Verkehr hat. Die Zeugung des lang erwarteten Sohnes wird dann aber noch einmal besonders betont mit der singulären Formulierung „und JHWH gab ihr Schwangerschaft". Es ist das einzige Mal im Ruthbuch, dass JHWH als Akteur auftritt. Seine Gabe wird zwar mit 1, 6 parallelisiert, aber nur an dieser Stelle beendet JHWH wirklich selbst einen mehr als zehnjährigen Mangelzustand. So sehr der potente, fast gott-ähnliche Boas zum Gegenbild des schwachen Maḥlon aufgebaut wurde, so sehr ist dieser letzte Akt eine Sache zwischen JHWH und Ruth. Er gibt ihr Schwangerschaft, sie gebiert einen Sohn, eine weitere Dekonstruktion reiner Männlichkeit[44].

Da dieses Kind spätestens seit 4, 10 zu einer öffentlichen, ganz Israel betreffenden Angelegenheit geworden ist, ist seine Annahme in *V. 14* dementsprechend öffentlich. Trotzdem wird das Kind aus der Konstellation Boas – Ruth – JHWH herausgelöst und JHWH und Naomi zugeordnet. Dies wird von den Frauen übernommen. Sie sprechen das Adäquate aus: den Lobpreis JHWHs. War es in 2, 20; 3, 10 das menschliche Handeln, das dem Willen JHWHs entsprach und daher seinem Segen unterstellt wurde, so wird diese Relation jetzt umgekehrt. JHWHs Handeln vollendet sich im Lobpreis der Menschen. Wie schon in 2, 20 wird dies noch durch einen Relativsatz spezifiziert. JHWH ist der, der es nicht an einem (Er-)Löser hat fehlen lassen. *Šābat* Hif., wörtlich „ein Ende bereiten" mit JHWH als Subjekt verweist meist auf die Beendigung von Unrecht und Unheil im Gericht (Jer 7, 34; Ez 7, 24; Ps 46, 10). Hier drückt es einen fortwährenden, weil nicht beendeten Heilszustand an: Der (Er-)Löser ist da. Die Geburt des Kindes bekommt damit messianische Dimensionen.

Überraschenderweise wird dieser Segen zu Naomi gesprochen, nicht zu Ruth. Und ebenso überraschenderweise wird nicht die wunderbare Geburt gepriesen, sondern die Existenz des (Er-)Lösers. Der nachfolgende Lobpreis Vv. 14 b–15 bleibt grammatisch-syntaktisch unbestimmt. Mit dem „Er" kann bis V. 15 a sowohl JHWH als auch der (Er-)Löser gemeint sein.[45] Was von ihm ausgesagt wird, lässt sich von JHWH wie vom Menschen sagen. Wie spätestens seit 3, 10 sind göttliches und menschliches Handeln bis zur Ununterscheidbarkeit ineinander verwoben, und nicht zufällig ist diese Identität an den (Er-)Löser gebunden. Erst V. 15 b löst die Spannung auf, weil es Ruth als Mutter anspricht.

Mit der Geburt des (Er-)Lösers in *V. 15* geht Boas Löserrolle für Naomi an den Sohn über, und er übernimmt auch die Funktionen seines (biologischen) Vaters. Das geschieht in der konkreten materiellen Versorgung Naomis (*kûl* Pilp. Gen 45, 11; 7, 12; 2Sam 19, 33 f. 20, 3; 1Kön 4, 7; 5, 7; 17, 9; 18, 4. 13. Von JHWH: Ps 55, 23). Darüber hinaus übernimmt er auch die (göttliche) Funktion des Zurückbringens der Lebenskraft (Ps 19, 9; 23, 3). Im (Er-)Löser

14

15

---

[44] Fischer, 252.
[45] S. ausführlich auch Campbell, 163 f.

(oder in JHWH) vollendet sich die Heimkehr Naomis: Leer, d. h. kinderlos von JHWH ins Land zurückgebracht (*šûb* Hif.: 1, 20–21) wird durch das Kind ihre Lebenskraft zurückgebracht werden (*šûb* Hif.).

Dieses „Erbe", das das Löser-Kind gewissermaßen vom Vater übernimmt, binden die Frauen aber nun ausdrücklich an dessen Mutter Ruth. Sie, die bei der Ankunft der beiden Ruth nicht einmal bemerkten und lediglich stumme Zeuginnen der Klage Naomis waren, sprechen nun das erlösende Wort. Naomi war nie kinderlos, denn Ruth hat sie mehr geliebt als sieben Söhne – eine erneute Infragestellung traditioneller Geschlechterrollen. Man wird hier – trotz der unterschiedlichen Zahlen – eine Adaption von 1Sam 1, 8 zu sehen haben.[46]

Das Verhältnis zwischen Naomi und Ruth war durchaus das von Mutter und Tochter, von gegenseitiger Fürsorge geprägt, aber eigentümlich emotionslos. Diese Leerstelle wird erst am Schluss des Buches gefüllt, wenn die Frauen Ruth als die würdigen, die Naomi liebt. Nicht zufällig wird hier das Verb *'āhab* verwendet an Stelle des sonst verwendeten Substantivs *Ḥæsæd*. Es ist der wesentlich emotionalere Begriff, der die engstmögliche Beziehung zwischen zwei Menschen ausdrückt (vgl. exemplarisch Hld 8, 6) und Eltern und Kinder, Mann und Frau, Freund und Freund verbindet. Auch das Verhältnis zwischen Israel und JHWH sollte idealerweise von dieser Liebe geprägt sein (Dtn 6, 5). Ruth hat damit die ganze Dimension der Liebe in ihrer Person verwirklicht.[47]

16 In Vv. 14–15 zeichnet sich bereits ab, dass das Kind, das Boas gezeugt und Ruth geboren hat, bei Naomi bleiben soll. *V. 16* holt das nach. Naomi nimmt das Kind – wie Boas Ruth nimmt – und legt es an ihre Brust. In der Imagination des Publikums erscheint Naomi so wie eine Mutter, die ihr Neugeborenes stillt. Damit kommt der Rückbezug auf Kap. 1 narrativ zum Abschluss: Naomi ist nicht mehr „leer". *Ḥēqāh*, „ihre Brust", ist ein wortspiel-artiger Verweis auf *rēqām*, „leer" (1, 20). Das schöne Bild wird narrativ weitergeführt, indem Naomi zur Pflegerin des Kindes wird. *'Omænæt*, „Pflegerin" (die fem. Form nur noch 2Sam 4, 4; masc. 2Kön 10, 1.5; Est 2, 7; Jes 49, 23) ist von *'āman*, „fest stehen", abgeleitet und bezeichnet den- oder diejenige, die ein Kind zu treuen Händen nimmt. Im zwischenmenschlichen Bereich kennzeichnet *'āman* äußerste Zuverlässigkeit, theologisch ist es von unbedingter dauerhafter Treue und Wahrheit geprägt (vgl. „Amen!").[48] So bekommt nun auch Naomis Handeln eine auf Gott hin transparente Dimension. Sie repräsentiert für das Kind, das sie erzieht, JHWHs Treue und Beständigkeit.

---

[46] Zakovitch, 169 f.

[47] Vgl. H. Spieckermann, Mit der Liebe im Wort: Zur Theologie des Deuteronomiums, in: Ders., Gottes Liebe zu Israel. Studien zur Theologie des Alten Testaments, Tübingen 2001 (FAT 33), 157–172; Ders., Die Liebeserklärung Gottes. Entwurf einer Theologie des Alten Testaments, in: A.a.O., 197–224.

[48] A. Jepsen, ThWAT I (1973), 313–347.

V. 17 bringt den abschließenden Rechtsakt, der erneut von den Frauen voll-   17
zogen wird. Sie werden jetzt als *haśśᵉkēnōt*, „Bewohnerinnen" bezeichnet
und damit den Männern gleich geordnet, die im Tor saßen. Sie übernehmen
die öffentliche Bekanntgabe der Geburt (vgl. Jes 9, 5; Jer 20, 15). Statt jedoch –
wie üblich – den Vater zu nennen, wird Naomi hier als die ausgerufen, für die
der Sohn geboren wurde. Rechtlich wird sie damit zum „Vater" des Kindes.[49]
Somit ist die komplexe Leviratskonstruktion von 4, 1–12 im Grunde aufgebrochen. Das Kind, das den Namen Maḥlons hätte tragen sollen, wird jetzt
rechtsverbindlich Naomis Verfügung anheim gestellt. So wird der genealogische Bruch, der sich am Ende vollzieht, schon vorbereitet. Bei den vielfachen
Verschiebungen der biologischen und juristischen Zuordnung des Kindes, ist
jetzt nur noch entscheidend, dass es geboren wurde und den Bedürfnissen
aller Rechnung trägt. Was die Männer in der Anerkennung des ungewöhn-
lichen Levirats vollzogen haben, übernehmen nun die Frauen in der Legitimierung des Kindes. Das ist eine letzte Umsetzung der Ehefrage.

Die mehrfache Verschiebung der Vaterschaft und das Motiv der stellvertretenden
Geburt in Ru 4 erinnern der Sache nach an die Sarah-Hagar-Erzählungen von Gen 16;
21. Die ominöse zehnjährige Kinderlosigkeit und Naomis Plan hatten dem schon vorgearbeitet.[50]
    Die Hagar-Geschichte dient aber auch als legale Argumentationsbasis in der Ehe-
frage.[51] Der Sklavenstatus der Frau und die Illegitimität des Kindes sind darin inter-
dependent. Das gibt insofern den Präzedenzfall für Esr 9–10 ab, als auf der Basis dieses Vorbildes ausländische Frauen zu Konkubinen erklärt und weggeschickt werden
können.
    Das Ruthbuch unterläuft diese Argumentation gleich mehrfach: Indem es Ruth von
sich aus dem Volk JHWHs beitreten lässt,[52] indem Ruth darauf hinweist, dass sie
keine *šipḥāh* ist (2, 13, vgl. Gen 16, 3), indem Lösung und Levirat in den Termini des
(Sklaven-) Freikaufs umgesetzt werden und am Schluss in der Zuordnung des Kindes
zu Naomi. Die Ehe zwischen Boas und Ruth ist nicht nur keine Fremdehe, sondern
auch das Kind ist legitim und erbberechtigtes Vollmitglied Israels.

Textintern ist Naomis Spekulation von 1, 12–13 doch noch wahr geworden:
Sie hat den unmöglichen Sohn bekommen. Dieser wird zwar nicht Ruths
Mann, aber vollzieht den letzten notwendigen Schritt der Integration Ruths.
    Die Namengebung durch Männer und Frauen ist der letzte rechts-
konforme Akt bei der Geburt und Legitimierung eines Kindes. Dass es hier
die Öffentlichkeit ist, die diesen Akt vollzieht, ist textdramaturgisch not-
wendig[53], auch wenn sich das Ausrufen des Namens scheinbar doppelt. In
Vv. 17 a.b. stehen wie schon häufiger im Ruthbuch Narration und wörtliche
Rede in einem Ergänzungsverhältnis zueinander (vgl. besonders in Kap. 3).

---

[49] Butting, Buchstaben, 43–45.
[50] Ebd.
[51] Japhet, Expulsion. 144–152.
[52] S. dazu Japhet, Expulsion, 153 f.
[53] Anders Rudolph, 69 f.; Zenger, 11 f.

Die Abfolge Boas – Obed ist dem Text durch die Tradition vorgegeben, aber
der Name „Obed" (Diener, Sklave) ist hier im Sinne eines ironischen Kon-
trasts eingesetzt. Das nun mehrfach legitimierte, von einer Befreiten geborene Kind trägt den Namen „Knecht". Für das zeitgenössische Publikum ist
damit schon auf David, den Knecht JHWHs voraus gewiesen, um dessent-
willen Israel, Juda und Jerusalem erhalten werden.[54] Der Anker für diese An-
tizipation ist vor allem in 1Kön 11 zu suchen. Obwohl Salomo durch seine
Fremddehen das geeinte Reich zerstört hat, wird ein Stamm erhalten bleiben
um David, des Knechtes JHWHs willen (1Kön 11, 13. 34. 36. 38). Die Konstellation Ruth – Naomi – Boas wird also weiterhin das Volk JHWHs am
Leben erhalten. Diese Publikumsvermutung wird durch den Abschluss „Er
war der Vater Isais, des Vaters Davids" eingelöst. In ihrer Kürze fast lapidar
ist diese Schlussformulierung die Pointe des gesamten Buches.

Ruth 4, 18–22: Die Toledot des Perez

18. Und diese sind die Abstammungen des Perez:
Perez zeugte Hezron.
19. Und Hezron zeugte Ram, und Ram zeugte Amminadab.
20. Und Amminadab zeugte Naḥšon, und Naḥšon zeugte Salma.
21. Und Salmon zeugte Boas, und Boas zeugte Obed.
22. Und Obed zeugte Isai, und Isai zeugte David.

In einem epilog-artigen Anhang wird in zehn Gliedern eine genealogische
Liste von Perez bis David gegeben. Sie gehört nicht zum Grundbestand, weil
der Grundentwurf des Ruthbuchs größten Wert darauf legt, dass Boas Obed
nicht gezeugt hat. Die Liste ist ein Exzerpt aus 2Chr 2, 9–15, verfolgt aber lediglich die direkte Linie von Perez bis David unter Auslassung der Nebenli-
nien und unter völliger Loslösung von der Juda-Fluchtlinie der Chronik.[55]
Vielmehr ist sie eine Nachahmung der priesterschriftlichen Schluss-Toledot
der Genesis (Gen 2, 4 a; 5; 11; 25; 36).[56] Wie in diesen – besonders in Gen 5;
11 – ist in einer bestimmten Abfolge das zehnte Glied (Noah: Gen 5; Abraham: Gen 11) von besonderer Bedeutung. David ist also erneut das Ziel der
Liste, dass sie bei Perez einsetzt, ist nicht durch 4, 12 veranlasst, sondern der
Zahlenlogik geschuldet. Das Ruthbuch wird mit diesem Anhang in eine universale Heilsgeschichte eingeordnet, die mit der Schöpfung begann und ungebrochen auf David zuläuft.

---

[54] Hamlin, 72.
[55] Vgl. dazu Willi, Juda, 138–168.
[56] S. dazu P. Weimar, Die Toledot-Formel in der priesterschriftlichen Geschichtsdarstellung:
BZ 18 (1974), 65–93; Butting, Buchstaben, 27 ff.

4,18–22 sind das Ergebnis einer schon stark endtextorientierten Lektüre des gesamten Alten Testaments. Die sich andeutende messianische Tendenz des Grundentwurfs wird hier in eine universale Geschichtsmacht Gottes integriert, die einen Gegenentwurf zum realen Messianismus der Makkabäer/ Hasmonäer darstellt.[57] Der Anhang stammt daher aus dem 2. Jh. v. Chr. und ist die letzte Fortschreibung des Rutbuches.

---

[57] S. Zenger, 52 f.